韩秀云 著

清华韩秀云讲经济

中信出版集团 | 北京

图书在版编目（CIP）数据

清华韩秀云讲经济 / 韩秀云著 . -- 北京：中信出版社，2019.5（2022.6重印）
ISBN 978-7-5217-0382-5

I. ①清… II. ①韩… III. ①经济学—通俗读物 Ⅳ. ①F0-49

中国版本图书馆 CIP 数据核字（2019）第 064693 号

清华韩秀云讲经济

著　　者：韩秀云
出版发行：中信出版集团股份有限公司
（北京市朝阳区惠新东街甲 4 号富盛大厦 2 座　邮编　100029）
承 印 者：北京诚信伟业印刷有限公司

开　　本：880mm × 1230mm　1/32　　印　　张：8　　字　　数：150 千字
版　　次：2019 年 5 月第 1 版　　印　　次：2022 年 6 月第12 次印刷
书　　号：ISBN 978-7-5217-0382-5
定　　价：58.00 元

目　录

股市

序　言

大家好，我是韩秀云。

此时清华大学即将迎来 108 周年校庆，校园里四处散发着回忆和青春的味道。我走在清华园，感受着清华的百年沧桑和激荡岁月，我在清华教书也有 35 个年头了。记得 2016 年清华经管学院 2006 级 MBA 班聚会，我们一起聊天时，同学们都感谢听我的话当时在北京买了房。2006 年北京的房价不到 1 万元，后来涨到了 5 万元，现在就更高了。

他们说，韩老师，还记着您当时在课上说，北京未来的房价会涨。我们听了您的话，都贷款买了房，现在的我们在北京住的房子比身边同龄人要好，贷款压力要小，这都多亏了您。

这个功劳不是我的，是经济学的，判断未来趋势是一个经济学家应该具备的能力。

这些年来，我对中国经济发展做出过几个判断。2003 年非典席卷了中华大地，人人胆战心惊。很多人都认为如此时期，中国经济会零增长或负增长。但我用一本《推开宏观之窗》告诉大家，中国经济处于大爆发的前夜。很多人不信，但有的人信了，他们抓住了

2003—2007 年这 5 年的经济暴涨期，这些人无论是投资实业，还是买房炒股，都赚了钱。

2007 年全国经济形势一片大好时，我用一本书告诉大家，现在是《看不懂的中国经济》。很多人不信，或者说不愿意相信，但有些人信了，他们就躲过了猝不及防的危机，因为接下来就是 2008 年席卷全球的金融危机了。

10 年了，2018 年许多人预测，2019 年会是前所未有的经济寒冬。

很多人问我，韩老师，会吗？真的会吗？我只想说，这是中国从一个大国走向强国必然要经历的磨难。在这个磨难之后将是中国经济空前的机遇。

所以，在寒冬时，我们要积蓄力量；在春天时，我们要播种插秧；在秋天时，我们才能收获果实。

希望我的这本书是寒冬中的一堆篝火，虽然不足以融化漫天冰雪，但可以带给你温暖，让你能生存下去，等待春天。

下面我简单地帮助各位读者梳理一下这本书的要点。本书的内容分三部分。

第一部分是楼市。中国 20 年的房地产市场一路走来，房价为什么涨？这不是政府的宏观调控能决定的，房价和地价都由市场供求来决定。当你决定买房时，不光要看政府对楼市的调控，还要考虑自己何时出手。买房要看楼市的长线，看楼市的未来趋势。你是买房还是租房？是买住宅还是买商铺和写字楼？这些都需要考虑稀缺性，并做出理性选择。我国的房地产税一定会推出，这是地方财政的需要。推出后房价会暂时下跌，这是人们的心理恐慌导致的，你需要提前做好准备。同时要警惕中国楼市泡沫的破灭，避免出现负资产的现象。

第二部分是股市。决定股票价格的因素是股息和利率。判断股市总体走势要看股价指数。如道琼斯指数、纳斯达克指数、香港恒生指数，上证指数和深成指数等。炒股要有投资理念，别去投机。炒股应该注意些什么？在股市中怎样避免风险？如果你被套牢该怎么办？要警惕股市泡沫破灭的风险。虽然中国炒股可以融资融券，但提醒你尽量别借钱炒股，小心平仓和爆仓。判断我国股市有没有行情，要看我国经济增长的情况，看大资金是否启动，看投资者心态的好坏。其实，中国经济没有这么差，你要坚定信心，股市还是有机会的。

第三部分是汇市。就是人民币的升值和贬值。人民币的汇率不会一直跌下去。汇率问题看似与你无关，其实宏观经济是牵一发而动全身的。不让热钱撤离中国，人民币走向国际化，成为国际货币这是大势所趋，强国必定有强势货币。未来的货币世界是三分天下：美元、欧元、人民币三足鼎立。

这些都是我 30 多年教学经验的积累。我想教你学会怎样“经济”地面对你的一生，学会如何像经济学家一样思考，解决问题。

现在，人们的生活节奏很快，很难有时间坐下来安静地读完一本书，从中汲取知识。为此，我们还专门制作了与这本书相关的音频课程，在各大网络平台播出，用更通俗的语言，更具有历史性的经济学故事，帮助你读完这本书。无论何时何地，只要你愿意，都可以利用一切碎片化的时间，完整地学完这本书，本书将帮助你在经济学领域成长。

亲爱的读者朋友们，我是韩秀云。

让我们书里见。

韩秀云

2019 年 4 月 23 日于清华大学

楼市

中国 20 年的房地产市场一路走来，房价为什么涨？这不是政府的宏观调控能决定的，房价和地价都是由市场供求来决定的。买房不光要看政府对楼市的调控，还要考虑自己何时出手。买房要看楼市的长线，看楼市的未来趋势。同时要警惕中国楼市泡沫的破灭，避免出现负资产的现象。

第1讲

房价的“成长史”

我在清华教书的时候，经常有人问我，老师，中国的房价到底会不会跌啊？还有人问，我想买房子，现在能买吗，还是再等等？我们就来看一看，中国的房价到底会跌还是会涨。

前不久我在网上看到一个段子。说的是一个德国人，他叫马库斯。2005 年他拖着一只箱子，带着 300 万元存款，从德国到上海浦东创业。300 万元存款约为 30 万欧元，在德国也不算小数目了。他在上海花了 200 万元经营红酒生意，剩下 100 万元买了个房子。10 多年过去了，200 万元的生意被他亏空了。他准备把房子卖掉回德国，一看才发现，自己当初花 100 万元买的房子升值了，两室两厅的房子，还住了 10 年，卖了 1 125 万元人民币。他做梦都没想到，自己在买房上发了大财。回国前他耸耸肩说道：“中国真是一个神奇的国度。我本想开酒吧，靠卖红酒赚钱，忙了 10 年，费尽心思，结果呢，生意一分没赚，还赔个底朝天。但我买了房子，什么都没干，却让我赚了 10 倍的钱。”他准备回国，给德国人讲讲自己在中国的创业故事。

德国人马库斯正好赶上中国房价暴涨的 10 年，如果这 10

年他待在德国，未必能有这么好的运气，因为德国房价没有这么涨过。

说到德国的房子，我有发言权。1991 年清华大学派我去德国读书，我对那里的房价感受特别深刻。

我一到那就有德国同事问我："你在中国挣多少钱？"我顿时头上开始冒汗，如实说："月薪 100 元。"100 元？他们的眼睛瞪得大大的："100 元你怎么生活？"

我说："每月房租才 2 元钱，生活消费特别低，物价也非常低，我生活得很好。"而当时在德国租一间房，月租是400 马克，合 1 200 元人民币。这是我在国内一年的工资收入。幸亏我有奖学金，否则我在德国根本就无法生存。

1 200 元比 2 元，差了 600 倍。这是当年德国和中国租房的价格差异。

当时在德国有很多中国留学生和我一样，租不起房；现在在中国，很多人面临的另外一个问题是，买不起房。

20 世纪 90 年代初，中国还没有这么突出的买房问题，那时都是单位分房。1996 年我回国后，住房制度开始改革，单位不再分房，有了公积金，实行贷款买房。1998 年 7 月国务院发文，取消福利住房制度，实行住房分配货币化。从那时起，中国就进入了买房时代。从 1998 年到 2018 年，整整过去了 20 年。

刚开始，北京的商品房对我来说简直就是天价：每平方米售价 1 000 元。房子太贵了，我每月工资 496 元，一套房 10 万元，我肯定买不起。后来涨到每平方米 5 000 元，我更买不起了；涨到每平方米 1 万元时，我真的买不起了；等房价超过每平方米 1.5 万元时，我基本没什么想法了。跟我一样，对很多人来说收入似乎永远追不上房价。

到 2007 年，房价开始猛涨，再到 2017 年，北京房价均价突破每平方米 5 万元。照这样的速度涨下去，普通打工族何时能在北京买上房子？

只有北京是这样的吗？不是的，全国各地的房价都在涨。这些年我讲课走遍祖国各地，到处普及宏观经济知识。我每到一处看到变化最大的就是房价，前年一个价，去年一个价，今年又是一个价。所到之处，房价都是翻了番地上涨。

2004 年我去南宁讲课，在南宁市中心地段的邕江两岸，特别漂亮的水景房才 3 000 多元每平方米。在课上我说，这里房价便宜，大家可以买房。第二次去涨到 4 000 元，第三次去涨到 5 000 元，2018 年南宁房价已突破 1 万元大关。

你可能会问新疆呢？边远地区的房价是不是也这样涨？我告诉你，新疆也是一样。2006 年 10 月我问乌鲁木齐的房价，他们说不贵，每平方米 2 000 元左右。2007 年我又到乌鲁木齐讲课，新疆学员说，乌鲁木齐的房价涨到了 4 000 元，一年就涨了 1 倍。到 2018 年乌鲁木齐的房价已经涨到 1 万元了。

所以说，这些年，一、二线城市房价猛涨。

先看一线城市北京的房价：2005 年是 6 000 元左右，到 2018 年均价 5 万元，涨了约 8 倍。

再看二线城市的房价：郑州与合肥的房价 10 年涨了 5 倍，

长沙和武汉10年涨了3倍。

说到武汉，我和大家讲一个与武汉有关的故事。我在清华教工商管理硕士（MBA）课程，课后我们经常办沙龙，一起探讨中国经济的发展问题。

2007年夏天的一个晚上，我们一群人，在北京什刹海的游船上，一边看着风景，一边聊着楼市的话题。一个研究生说，他家是武汉的，他想给我们讲讲他家乡房地产的情况。

他说武汉有一个房地产开发商，2007年年初卖房是3 000元每平方米，一开盘就卖光了。老板拍大腿说："哎呀，卖亏了！卖亏了！下次开盘一定要卖6 000元。"3个月后再开盘卖6 000元，结果一开盘又卖光了。老板又拍大腿说："哎呀，卖亏了！卖亏了！下次开盘卖9 000元。"结果9 000元开盘还是被一抢而空。老板最后发话说，这房子咱先不卖了，2008年一开盘就卖1.3万元，把房价提得高高的，涨到谁都买不起，反正手里的地也不多了，囤房卖高价！

听完这个故事你肯定要问，房地产商这么做，咱们的政府就不管吗？当然不是。

从2003年到2013年，是中国房地产发展最快的阶段，也被称为房地产的黄金10年。2003年中国爆发了非典疫情，非典之后为了拉动中国经济的增长，国家出台了《国务院关于促进房地产市场持续健康发展的通知》，把房地产作为中国支柱性行业，从此房地产市场繁荣发展的大幕拉开了。

在2003年，政府意识到，以前协议转让土地的做法存在很多问题。开发商便宜拿地，让政府税收减少不说，房价还控制不住，都是因为地价太便宜了。结果一个重要转折点出现了，就是“8·31大限”。

2004年8月31日，这是令中国所有房地产商难忘的日子，这是协议出让土地使用权最后的期限。在这之后，所有的建设用地都必须通过招标、拍卖、挂牌的形式出让。这是中国土地政策的一个历史性转折点。

政府的想法很清楚，就是要抑制房地产商的投资热。土地价格高了，银行贷款难了，房地产商自然就望而却步。或者说，房地产商买地建房，房价高了大家买不起，按揭贷款首付比例相应提高，买房也难了，房地产商卖不出去房，自然就不会玩命地建房。

可是呢，政府的想法事与愿违！为什么说事与愿违？没想到这10年来，政府对房地产年年出台新政策，试图调控房价，从2005年的国八条，到2013年的新国五条，出台了37次行政命令来调控房价，结果却是每出台一次政策，房价就涨一轮，再出台一次，再涨一轮，一直涨到今天。

给大家的感受是房价越调越高。北、上、广、深这些大城市更是以10倍价格往上涨，房价涨到高不可攀。

今天回过头看，我觉得是政府过于低估了市场需求。土地政策缩紧了，银行信贷也缩紧了，这给市场的信号是什么呢？就是房子供应会减少，可买房的需求却一点儿不少，这样一来，房价就会升。

买房需求可以一夜之间爆发出来，但房子的供给却不能迅速增加，因为一夜之间盖不出一栋楼来！结果是钱多房少，房价涨！钱太多房太少，房价猛涨！

我国政府宏观调控了这么多年，房价都没有调控下来，其实用经济学原理可以很简单地解释清楚这个问题。

从需求看：

（1）投资渠道少，股市又跌，大量资金没有去处。

（2）通胀担忧，不买房，钱放着就贬值。

（3）买涨不买跌，越高越追，越追越高。

从供给看：

（1）土地供应减少。我们看一线城市，北京四环以内已经没有土地供应了，不拆房就不能建新房。深圳没有空余土地了，只能用填海来获得土地，土地没有增量，新建房源少，房子价格就上去了。上海和广州的土地供应更加紧张。特大城市的土地供应无法增加，地价贵，那房价怎么能降下来呢？

（2）地方政府有卖地冲动。地方政府希望地价拍得越高越好，为了维持地方财政收入，中央政府和地方政府在利益上博弈，地方政府和开发商博弈，开发商之间相互竞争，谁出价高地就被谁拿走。三方博弈，地价降不下来，房价又怎么能降下来？

所以，纵观中国楼市 20 年的历史，中国房价经历了一个由低到高的过程，虽然政府一直不断调控房地产市场，但中国的房价一直没有降下来。

中国楼市的现状是：一线城市房价跌，二线城市房价平，三线城市房价涨。

大家又问了，中国楼市现在这种状况，是哪儿出了问题？是政府的问题，还是市场的问题？中国的房价究竟该由谁来决定？

第2讲
楼市中看不见的手

中国房价10年间猛涨，那中国楼市的价格究竟应该由谁决定呢？

让我们从经济学中寻找答案。我们先谈经济中那只看不见的手，再谈楼市的价格究竟应该由谁来决定。

人类早在2 000多年前就有了哲学和社会科学，但经济学却产生得很晚，它是200多年前才产生的一门科学。为什么经济学产生的这么晚呢？举个例子，我白天下地干活，中午回来给孩子们做饭，下午又下地干活，晚上回来给孩子们做饭，等他们睡了之后，我开始缝衣服做鞋子。我自己分配自己的劳动，不需要经济学理论指导。

但是自从人类出现了分工，有了交换之后，我们就会问，怎样做更经济？分工合作经济，相互交换合适。这就有了贸易和国际贸易，也就有了经济学。

1776年是伟大的一年，这一年英国有一位伟大的经济学家出现了，他叫亚当·斯密，他写了一本叫《国富论》的书，全称《国民财富的性质和原因的研究》，他把这本书送给了当时英国的国王。他说："国王陛下，请您不要干预经济。国家做什么呢？就做一个守夜人，当夜晚来临的时候就去敲钟，看看街上有没有偷盗行为，这就是国家的任务。只要国家不干预经济，经济自动就会发展起来。"

斯密在书中提到这样一个理论——看不见的手。他说经济中有一只看不见的手，每个人在做事的时候，没有人的出发点是为了促进社会利益，他首先想到的是怎么实现自己的利益，都是从个人利益出发去做事的。但是当他真正这样做的时候，就像有一只看不见的手在拉着他，其结果要比他真正想促进社会利益的效果要好得多。

他说，英伦三岛的玻璃制造商每天晚上躺在床上想什么？让岛上刮场暴风，下场暴雨吧！一夜之间，岛上的玻璃都碎了，明天早晨玻璃的订单会像雪片似的飞来。如果不这样想，他的玻璃还能卖出去吗？

一个空调厂商在冬天的晚上会想什么？他希望来年夏天天气一定要热，最好超过 40 摄氏度。如果不这样想，他还卖得出空调吗？

什么是看不见的手？

看不见的手指的是个人利益驱动，就是市场机制，也就是价格机制。

价格怎样才算合适？你心里自有一杆秤。

斯密在书中写道，我们每天所需的食物和饮料，不是出于屠夫、酿酒师或面包师的恩惠，而是出于他们自私的打算。

每天清早起来做早点的人，他们的忙碌不是为了给我们提供美味的早餐，他们要用这门手艺挣钱，养家糊口。正是因为他们的利己心，我们才有了早饭。现实中每一家企业不都是这样做的吗？

价格藏在每个人的心中，它是市场经济的灵魂。

斯密的伟大之处，在于他看透了这一切。他透过社会纷繁复杂的现象，找到了一个社会转动的内核，并告诉政府别干预经济，经济中有一只看不见的手，它会让经济自动运转起来。

这里给大家讲讲斯密的故事

斯密 1723 年出生在苏格兰的一个小城市。他的父亲是一位海关官员，在他出生前的几个月就去世了。斯密是母亲唯一的儿子，他和母亲相依为命，母亲成了他的生活中心，他终生未娶。

斯密 3 岁时，有一天妈妈带他到舅舅家去，把他放在门前，让他自己玩耍，然后就走进院子和舅舅说话。没想到这时来了一群吉卜赛流浪汉，抱起他就跑。舅舅听到哭声就追了出去，一直追到 20 英里[①] 以外的一片树林，这群流浪汉才把斯密放下逃跑了。舅舅把他抱了回来。

后来斯密成为一个伟大的经济学家，他的传记中提到，他的舅舅幸运地为世界挽救了一个天才，正是这个天才创造了经济学，否则这个社会将会多一个算命先生，少一位经济学家。

① 1 英里 ≈1.61 千米。——编者注

斯密之所以能成为经济学家，和他从小生长在一个小渔村有关。村里有一个码头，由于贸易的发展，小渔村变成了一个中等城市。

船员们出海回来，就坐在那里一边喝着啤酒，一边谈论着国际贸易和他们在世界各地的所见所闻。

斯密看着自己家乡发生的变化，原来的小渔村由于发展贸易变成中等城市，经济是如此繁荣。这让他认识到，贸易对于一个国家和地区经济发展的重要性。

斯密 14 岁就进了格拉斯哥大学，17 岁时获得硕士学位，1746 年他毕业于牛津大学巴利奥尔学院，他先在奥丁堡大学担任讲师，后来成了格拉斯哥大学逻辑学教授，第二年改任道德哲学教授。他因高超的教学水平和极富智慧的思辨而远近闻名，引起了一位公爵的注意。年轻的公爵邀请他做自己的私人教师，带着他去欧洲游学。公爵给出的薪金待遇特别高，300 英镑年薪加旅费。300 英镑在当时的英国可不是一个小数目。

斯密想，在英国做大学教授收入这么少，退休后也没有保障。于是他决定不当大学教授，带着这个公爵周游欧洲，一边讲学，一边游历。他成了巴克莱公爵的私人教师。

当他陪着年轻的公爵踏上欧洲大陆时才发现，原来英国这么落后，而欧洲如此发达。他们到了法国，去了德国，游历了欧洲，看到的一切彻底打开了他的眼界。这期间他结识了很多研究经济的学者，他拜访了重商学派，他们说商业创造价值；他又拜访了重农学派，他们说农业创造价值。斯密自己认为劳动创造价值。

在欧洲游学两年半后，斯密回到英国。1767年他带着丰厚的报酬回到家乡，10年深居简出，只思考一个问题：这个社会究竟是怎样运转的？经济究竟是怎样发展的？思来想去他终于发现，经济中有一只看不见的手。

每一个人做事时，都没有想到社会利益，想的都是个人利益。但是当他真正这样做的时候，就像有一只看不见的手在拉着他，其结果要比他真正想促进社会利益要好得多。他认为自己发现了资本主义运转的真正内核，他异常兴奋，在屋子里来回踱步。

在写作《国富论》时，一天早晨他刚起床，穿着睡衣就走出了家门，一边思考一边走路，根本不知道自己已经走上了街道，当他走到教堂，见人们都走向教堂准备祷告时，才发现自己穿着睡衣，而人们都用诧异的眼神看着他。由此可见，他是多么沉迷于思考。他喜欢拄着拐杖去野外散步，他还有个自言自语的习惯，以至有一天他从两个年轻的姑娘身边走过，姑娘们还以为他精神失常了，悄悄议论说："天啊，多么可怜的人哪，不过他穿得还不错。"她们哪里知道眼前的这个人是一位伟大的经济学家，是他创造了经济学，改变了这个世界。

10年思考，10年写作，人类终于有了第一部经济学著作。斯密到了晚年已是欧洲的一位名人，从伦敦、巴黎、柏林和彼得堡来的旅游者都想和他见见面。1787年，在伦敦，斯密到一位达官显贵家做客，屋里坐满了社会名流，包括时任英国首相皮特。当他进门时，大家全体起立欢迎，他习惯性地抬抬手招呼大家：“诸位，请坐！”皮特说：“斯密博士，我们都是您的学生。您不坐下，我们怎么敢先坐下呢？”

从亚当·斯密开始，人类才有了真正意义上的经济学，所以他被称为经济学鼻祖。

在他的思想的指引下，英国经济首先得到发展，然后是西欧，之后是美国。斯密的思想统治了资本主义世界达 150 年之久。在这么长的时间里，人们用他的理论来管理国家。政府不干预经济，让经济自由发展，政府只做一个守夜人。

斯密的核心观点是：市场经济的灵魂是价格，价格由市场供求决定。回到我们刚开始的问题：中国的房价究竟由谁决定？

如果说由政府决定，那政府宏观调控了这么多年，为什么房价没下来呢？房价高得让普通百姓望而却步。其实房价上涨背后，有一只看不见的手——价格在推动。

中国的房价是由房子的供给和需求决定的。

供求决定价格，这是经济学最颠扑不破的真理，它已被 200 多年经济发展的历史证明。

政府对楼市的宏观调控，只能影响房价变动的快与慢，但不能决定房价和地价，房价和地价只能由市场供求来决定。

也许有人会问，如果政府不管楼市，那房价被炒高了怎么办？别担心，市场自身具有价格的纠偏能力。

例如，一个城市，市中心的房价炒高了，人们就会到郊区盖房，那里的房价便宜，大家就会到郊区买房，市中心的房价就不可能再高了。

那么，一国的资源配置究竟该由谁来决定？

地价由谁来决定？是政府还是市场？

第 3 讲

市场决定资源配置

经济学家亚当·斯密提出，经济中有一只看不见的手，这只手就是价格。价格在你心中，赚钱的事你干，赔钱的事你不会干。每个人在做事的时候，都是出于利己心，都是为了自己好。可当他们这样做的时候，却实现了社会利益，让我们有了食品、服装等等。这就是市场经济的魅力所在。

中国搞市场经济，重要的就是要建立起价格机制。我们需要分工，需要价格机制，需要自由竞争。只有这样，经济才有活力，人们才有干劲。中国改革开放 40 年，因为我们放开了价格，于是有了私营经济和民营经济，有了今天的发展速度和经济成就，有了国人眼下的富裕生活。

早在 200 多年前，亚当·斯密就主张，国家不要干预经济，让价格机制发挥作用。

为什么每个人都在为个人时，这个社会却进步了？亚当·斯密的思想有它的合理性吗？

斯密认为：资源应该由市场配置，而不应由政府配置。

这一讲的重点，就是资源配置问题，也是房价和地价该由谁决定的问题。说到市场配置资源，那市场应该配置哪种资源呢？

市场配置三种资源，即劳动力、资金、土地。

首先看劳动力。劳动力的价格是工资，工资应该由谁来定？

请问，你的工资是谁定的？你一定会说，我的工资是老板定的。那老板又是依据什么定的呢？他自己决定不了，他得根据市场行情来定你的工资。如果说，你的工资由政府决定，你会发现，如果工资定低了企业就招不到员工，工资定高了企业又承担不起。

举个例子，中国现在缺少电焊工，一个到英国留学的中国学生，回国后发现自己学的专业不赚钱，而电焊工的薪水高，他就去学了电焊专业，毕业后他做了电焊工，结果拿到了高工资。

所以，工资由市场供求决定，工种稀缺工资就高，职业过剩工资就低。

工资应该由市场决定，那资金的价格谁说了算？

资金的价格是利率，是银行存贷款利率。你不能白借钱使用，借钱得有成本！过去中国的银行利率一直都由政府定，资金的资源配置政府说了算，银行是皇帝的女儿不愁嫁，利率一样，资金成本一样，各银行之间没有激烈竞争，干好干坏都一样。现在改革了，利率由市场说了算，各银行处于竞争状态，每家银行都加入争夺客户大战。利率市场化以后，银行过去那种躺着喝茶水的现象不存在了，现在是坐着喝不上，以后是跑着都喝不上了。银行的员工说，银行的工作现在是“五加二，白加黑”，员工们都在玩儿命地干。利率市场化是中国金融改革的重要一步，此后资金这种资源的配置由市场说了算。

第三种资源是土地，土地的价格是地租。那租金谁说了算？

1998 年我国实行商品房政策后，开发商买地，地方政府和开发商协议价格，地方政府处于主导地位，地价基本由它说了算，由此带来了很多问题。

2004 年 8 月 31 日以后，政府卖地实行招标、拍卖、挂牌的方式，引入了市场竞争机制，政府标出一块地的底价，由开发商叫价，谁出价高谁就得到这块土地。开发商高价拍到了一块地，建好了写字楼后出租，如果由政府决定租金的价格，那要是赔了钱，该由该来买单呢？让我们回到最初的话题上来，如果买卖土地价格是放开的，那卖房的价格就得放开，租金的价格也得放开，否则房地产市场就无法正常发展了。

试想一下，如果租金由政府定，那土地拍卖时还有人敢买吗？

例如，一般市场上经营餐馆的店面都是租来的，租金是市场定的，不是政府定的。为什么呢？如果政府定租金，餐馆不赚钱怎么办？只有市场定租金，随行就市，可高可低，餐馆才能活下来，老板才有钱可赚，我们才有地方吃饭。

市场中有三种要素，劳动力的价格是工资，资金的价格是利率，土地的价格是租金，这些价格都应该由市场来定，经济才能正常运行。只有市场定价才最经济，否则谁都保证不了自己能赚钱，也阻止不了自己会赔钱。因为资源有可能被错配，资源没有得到最优的配置。

如果由政府规定每个人的工资，规定银行的存贷款利率，规定卖地的价格，那政府怎么知道定什么价合适呢？政府又需要多少人去确定价格呢？政府是无论如何都配置不好这些资源的。

市场经济是一个庞大的体系，价格机制是自发形成的，价格每天都在动态中调整。

以大白菜为例，如果北京郊区的大白菜便宜，2 元 1 斤，城里 4 元 1 斤。不需要任何人下令，你就会发现，有人会把郊区的菜悄悄运到城里，城里的大白菜的价格会下降到 3 元钱，来郊区拉菜的人多了，郊区的菜就贵了，差价就会被填平。这说明价格是由供求决定的。这就是市场经济的魅力，有一只看不见的手，不需要人为调节。

今天中国经济中最有活力的是民营企业，它占据中国经济的半壁江山。为什么中国的民营企业发展得那么快？因为自由竞争和价格机制。

中国现有的几家大公司，如阿里巴巴、腾讯、顺丰速运等：阿里巴巴的电商在和我国传统的商业竞争，人们不去商场购物都在网上购物；腾讯公司在和中国移动竞争，人们逐渐不发短信都用微信了；顺丰速运在和中国邮政竞争，人们不去邮局寄东西都用顺丰速运了。

这些民营公司快速发展的原因是什么？它们的发展得益于中国经济体制改革，因为我国搞了市场经济，放开了价格和竞争，价格机制调动了每个人的利己心，最后实现了社会利益，使我们的生活变得更便捷、更轻松、更经济。

如果没有市场的力量，这些公司就不可能发展得这么快。让我们以顺丰速运为例。

顺丰速运是一个20世纪90年代初在广东初创的小公司，它和在中国生存了100多年的中国邮政竞争。顺丰速运脱颖而出，成长为一家大规模的上市公司，可见市场经济的强大活力是人们不可想象的。这一切都归功于价格机制的作用。顺丰速运发展到今天的独门秘诀，就是它的计件工资。顺丰速运有15万名员工，分布在城市的各个角落。顺丰速运收派员的基本工资不高，每月700~1 200元，其他的是根据工作业绩提成。快递员收一个快件的钱，其中有一个固定比例是归他自己的。他们每个月的收入都是可以预期而且是稳定的。月薪达到上万元的快递员在顺丰速运早已不是什么特例了。

有了这样的高薪，多劳多得，才有了顺丰速运快递员在路上就算翻了车，也会爬起来继续跑的情景。因为有一只看不见的手在他们心中，所以他们跑得特别快。过去像送信件、寄包裹这类事情都是中国邮政的业务。中国邮政从清朝末期兴起，发展到现在已有100多年的历史了。

中国邮政的历史那么悠久，遍布全国的网点那么多，员工规模更是庞大。一个刚成立20多年的顺丰速运就可以和中国邮政竞争？这听起来像天方夜谭，简直不可思议。这其中的原因有很多，但关键的原因是二者的分配机制不同。顺丰速运的员工工资是计件的，多劳多得，少劳少得，不劳不得。而中国邮政的员工工资是国家定的，是有标准的，没有那只看不见的手在激励员工。

我在20世纪80年代曾经看过一本书，书中分析了苏联工人的工作效率为什么低下。其中有一句话让我记忆深刻，工人们说："政府在假装给我们发工资，我们也在假装给政府干活。"

20世纪90年代初我在德国时，发现德国邮局的效率特别低，可邮局的业务又特别忙，经常排着长队。我每次到邮局办事都要排队，要站在那里等好久。邮局就几个办事窗口，一会儿一个窗口放个牌说有事不办公，我又排另一队，马上快要排到了，又立一个牌说不办公，我还得换个窗口接着排，太耽误时间了。大家怨声载道，但窗口里面的工作人员有说有笑，不紧不慢，反正服务好坏与他们的收入无关。

我回国以后，听说德国邮局进行了改革，效率马上提高了，排队的现象消失了。我们的中国邮政，如果体制改革到位，未来一定有很大的发展空间。说了这么多，就是想告诉大家，中国经济体制改革的大趋势就是放开资源配置的价格，只有这样中国经济才有希望。

我国在走向市场经济的过程中，要放开价格管制，只要政府不限价、不干预，每个人都能发挥最大的积极性，因为这和他们自己的利益挂钩。

回到我们前面说的，中国的房价应该由市场决定，土地的价格也应该由市场决定。这是经济学最基本的原理之一。

土地供给多了，地价就会下来，土地供给少了，地价就会上去。这不是政府用宏观调控能解决得了的问题。

房价也是如此。买房子的人多，需求多了房价上涨；房子供给多了，买的人少了，房子的价格下跌。这也不是政府说了算的，而是市场供求决定了房价。政府决定不了房价，房价最终必须由市场说了算。

所以，当你决定买房时，不光要看政府对房价如何调控，还要考虑自己何时出手。买房要看楼市的长线，要看楼市未来趋势如何，这一点很重要。

知道了这些，你买房该考虑什么？你该如何买房？

第4讲

买房要选稀缺

房价应该由市场来决定，那你买房要考虑哪些因素呢？买房主要是考虑稀缺，你要选择稀缺性的房源。那什么是稀缺呢？

稀缺性是经济学的一个重要概念。

经济学是研究什么的？这个世界的资源是稀缺的，每个人的需求是无限的，有小房的人想住大房，有大房的人想住别墅，有别墅的人想住庄园，有庄园的人想把地围起来当国王。显而易见，人的需求是无限的。

可是地球上的资源却是有限的。原来我们这个星球上只有600多万人口，和香港的人口一样多。现在地球上有70亿人口，科学家预计未来地球人口会有150亿，这么多人是地球所不能承载的。那怎么办呢？科学家开始探索太空，看看哪个星球适合人类生存，他们想迁移一部分人到其他星球上去。

人口从600万增加到70亿，地球的资源没有变，土地也没有变，人们的需求却在不断增加。这么少的资源，怎样满足这么多人的需求呢？这就涉及经济学。究竟是增加供给呢，还是压缩人的需求？经济学研究什么？经济学就是研究这么稀缺的资源怎样才能满足这么多人的需求。所以，稀缺性是经济学永恒的主题。

其实在你的生活中，无时无刻不会遇到稀缺性的问题。比如有人说，我投资企业怎么不赚钱？请问，你投资企业的门槛这么低，谁都能投资，它不稀缺，生产出的产品供过于求，那你能赚钱吗？

还有人说，我买股票怎么不赚钱？你买的股票是垃圾股，它不稀缺，上市公司都不赚钱，你能赚钱吗？

也有人说，我买的房子怎么不升值？请问，你买的房子不是稀缺房源，它能升值吗？

更有人抱怨，我学的专业找不到工作，工资特别低。请问你学的专业稀缺吗？大量毕业生出来都找不到工作，那是因为所学的专业不稀缺。所以，每人在选择专业时，除了考虑自己的兴趣外，还要考虑就业。到了人工智能时代，找工作就更难了，因为很多工作岗位都不存在了。

诸如此类的问题很多，这说明稀缺性是经济学永恒的主题。

在课堂上我经常问学生一个问题："对你们来说什么最稀缺啊？"他们异口同声地答道："老师，我们最稀缺的是钱啊！"我说："对，你们是缺钱，但你们不缺前途！"

对每个人来说，资源是稀缺的，金钱是稀缺的，时间是稀缺的，能力是稀缺的，生命是稀缺的，健康更是稀缺的……仔细想想，你就会发现，我们稀缺的东西还真多！如果没有稀缺，我们还需要经济学干什么？

那么该怎样买房呢？

我的观点是，买房不能图价格便宜，在有条件的情况下，买房就要买稀缺。无论你在哪个城市买房，都应该考虑这个因素。

有人会问："北、上、广、深一线城市的房价为什么那么贵？而小城市的房价又为什么如此便宜呢？两者的差价会在10倍以上。"

大城市的房价贵，是由土地的稀缺性决定的。

让我们分析一下北京房价贵的原因。

现在的情况是，农村人富裕了进县城，县城人富裕了到省城，省城人富裕了到北京，北京人富裕了到纽约，纽约人富裕了正准备上火星。

北京不仅是北京人的北京，还是全国人民的首都，北京不仅是中国人民的首都，还是世界人民的北京。当中国成为强国以后，世界上的有钱人想到北京来住，你是让人家来，还是不让人家来？

纽约不仅是美国人的纽约，还是世界人的纽约；伦敦不仅是英国人的伦敦，还是世界人的伦敦；法兰克福不仅是德国人的法兰克福，还是世界人的法兰克福。当世界上的有钱人想去纽约、伦敦、法兰克福买房，又有谁能拦得住呢？

国际性大都市的房价之所以贵，是由人口的净流入决定的。中国有13亿多人口，富裕的人想到北京居住、工作和生活，北京的房价想降下来很难。这 20 年北京房价的均价从 1 000 元每平方米涨到了 5 万元每平方米。

很多人都抱怨北京的房价贵，但为什么还有那么多人愿意到北京来呢？因为北京工作机会多，文化氛围好，医疗条件好，软件和硬件设施都比较完善。所以，北京的房价遥遥领先，贵有贵的道理。

上海的周边有江浙两省，富裕的江浙人都想到上海买房，上海的房价能不贵吗？

我们再以深圳为例，在 2003 年之前，深圳的房价在 3 000 元每平方米横盘了很久。到了 2007 年涨了一轮，到 2015 年又涨了一轮，现在深圳房子的均价都到了 5 万元每平方米。

曾几何时，深圳皇岗口岸是一条过关到香港的通道。开发商在附近盖的房子，售价 3 000 多元每平方米，深圳人嫌贵不买。什么人在那里买了房呢？很多香港的大货车司机，他们在皇岗口岸买了房子。

为什么深圳人认为房价贵，而香港人不觉得房价贵呢？因为香港房价高出深圳房价很多，当时没人想到深圳日后会发展这么快，深圳的房价像坐火箭似的蹿了上去。那深圳房价为什么涨那么快呢？深圳经济发展速度快，人口大量涌入，由原来不到百万人口的小城市，成为早已超过千万人口的大城市。深圳的创业机会、工作机会都很多，中国有很多著名的大公司都诞生在这里。

例如平安保险、华为公司、招商银行、万科、腾讯、中兴通讯、比亚迪、顺丰速运等。这里是一个金融城、创业城、高科技城，这里还有大学城，深圳具备了发展的优势和潜力。

由于土地资源有限，深圳已经没有土地盖房了，现在要填海造地。深圳是一个年轻的城市，和香港相比它具有后发优势。因为它的土地资源稀缺，又有大量人口涌入，特别是有大量高科技和金融人才涌入，所以它的高房价是有支撑的。

我们再看看杭州的房价。

2003 年我去杭州上课，当时西湖边的房价是每平方米 1 万元左右，我在课上问学员，大家猜猜看，10 年后西湖边的房价是多少钱？有人说 2 万元每平方米，有人说 3 万元每平方米也有可能！大家都说，太天真了，西湖的房价怎么会涨到 3 万元每平方米呢？2008 年我又去杭州讲课，一问西湖边的房价，都已经涨到 10 万元每平方米了。

中国只有一个杭州，杭州只有一个西湖，富裕的江浙人甚至全中国人，都想到西湖边买套房，西湖的房价能不贵吗？这是由土地资源的稀缺性决定的。瑞士日内瓦湖畔的房子为什么贵呢？因为全世界有钱人都到那里买房了。现在中国的有钱人都到哪里买房去了？他们去世界各大城市买房。

2013 年我去杭州上课，开发商在杭州的湿地边盖的房子很贵，价格每平方米 5 万元左右，刚开始卖得很慢。没想到阿里巴巴公司在美国上市后，出现了一批千万富翁，阿里巴巴公司附近的房子都卖出去了。这就是有钱人的买房需求。

话又说回来，中国小城市的房价为什么上升得慢呢？因为年轻人在那里没有好的就业机会。我每到一个小城市，都发现那里真好，房价如此便宜，交通又不拥挤，这样的地方多适合居住啊！可就是找不到挣钱的工作机会，那就留不住人。人们还是奔向大中城市。全世界皆如此！

国际性大都市的房价上升，都是土地稀缺、人口大量流入导致的，是土地的供求关系决定了房价。

我们的结论是：人口净流入的城市房价会涨，人口净流出的城市房价会跌。一个县城的人口都走光了，盖出那么多的房子卖给谁？

房价上涨是由供求决定的，有土地供给的因素，有人口流入的因素，还有就业机会的因素，这些因素决定了房价的涨与跌。

一个综合性的大城市房价有支撑，是因为它有规模经济，有人口聚集，有产业的迭代优势。如果夕阳产业倒下了，很快就会有朝阳产业诞生。这样的城市可以做到东边不亮西边亮。

北京房价很难降下来，是因为大城市具有规模经济，各行各业都有，所以无论是住宅还是商铺或写字楼，需求量都很大。

所以说，买房就要买稀缺。大城市房价贵，是由土地的稀缺性决定的；小城市房价便宜，是由它的土地资源不稀缺、就业机会少导致的。

香港房价贵，租房的价格更贵，为什么还有那么多人愿意到香港去？因为香港就业机会多，人们的工资收入高。所以，大城市的房价贵有贵的道理。

在选择房子的时候，一定要考虑以下三点：

（1）这房子稀缺吗？
（2）这房子有投资价值吗？
（3）这房子未来有升值的空间吗？

经济学最基本最重要的概念之一，就是稀缺性。

这个概念对你来说很重要，无论你做什么都要问自己，它稀缺吗？这本书稀缺吗？这个投资稀缺吗？这个房子稀缺吗？……

如果你学会用稀缺性思考问题，你就具备了经济学思维。记住，你要买房，就选择稀缺性的房源。

那么，买住宅你该考虑什么？你该如何选择呢？

第5讲
买住宅怎么选

买住宅需要考虑什么？首先分析一下我国房价上涨的特点，再来看你究竟该怎么选房。

我国房价上涨的特点就是洼地原则。

先涨一线特大城市，后涨二线省会城市，接着涨的是三、四线城市。从大城市到中等城市，再从中等城市到小城市，房价一波波地涨起来。如果就一个城市来说，就是城中心的房价先涨，城市郊区的房价后涨；老区的房价先涨，新区的房价后涨。

例如，十几年前北京最繁华的地段是建国门，当时房价已涨到3万元每平方米，而顺义的房价不到3 000元每平方米，两者之间差了10倍。我在课上说，从清华坐地铁到建国门要半小时，到顺义要近1个小时。如果你的钱不够，就可以在顺义买房子，我认为，未来顺义房子的升值空间大。当时很多人不理解，都认为建国门的房子升值空间大。

猜猜看，十几年过去了，顺义的房价现在多少钱了？ 5万元。建国门的房价多少钱？ 10万元。原来差10倍，现在只差1

倍。为什么会出现这样的情况?

上文说过，房价有一个洼地原则。一个城市像一个大湖，往湖里扔石头，湖中心的浪花最大，波纹慢慢向四周扩散，直至扩散到湖边。城中心的房价先涨，郊区房价后涨也是同样的道理。

为什么有洼地原则呢?这是由土地的稀缺性决定的。城市的人口越来越多，市中心的房子不够住，人们必须住到外围去，最后住到城边上。未来城市的边界是以地铁线路来界定的，在大城市，地铁修到哪里，城市的边界就在哪里。你买到城市边上的房子没关系，因为有地铁很方便。

例如，十几年前深圳市中心的房价是 3 万元左右，而宝安区的房价不到 5 000 元，相差 6 倍。现在市中心房价 8 万元，宝安区的房价升到 5 万元，相差不到 1 倍。这也是洼地原则。

深圳的地铁修通了，从宝安区到市里只用半个多小时，市中心道路拥挤，出门也需要半小时，这时宝安区的房价就会涨起来。所以，如果你现在还在二线城市或者三、四线城市居住，买房时要先从市中心开始，一点点向外买。

例如，在北京，刚开始买房时大家不考虑这些，在哪儿工作就选择在哪里买房，随机性很强。当时人们买房只考虑居住，根本没有考虑房子的升值问题，那时房价的差别也不大，后来人们才发现，城市不同地段的升值空间完全不同。你买房时，一定要看看这个房子未来有没有升值空间。

我们的结论是：如果你在大城市，可以在城郊买房；如果你在小城市，应先在市中心买房，当市中心的房价已经涨上去了，你再考虑到城郊买房子，同时考虑它的性价比。

让我们来看看郑州这个二线城市房价的上涨过程。

2005 年我到郑州做报告，房地产商在郑州市中心建了房，售价是 3 800 元每平方米，当时算是高价房了。我在报告中说，郑州是一个省会城市，以后会有很多人进城打工，由于大量人口的流入，未来郑州房价肯定会涨，现在买房合适。我又说，如果郑州新区建好后，新区的房价会比老区的房价贵。我讲完课后，就有人在网上说："别听她的，这是房地产商的托！"后来郑州的房价涨起来，网上又有人说："早知道当时不骂她了，早点儿买房多合适啊！"

我依据什么判断郑州未来的房价会涨？因为郑州是河南的省会城市，有近 1 亿人口的腹地。这些年轻人来郑州打工，他们需要住房，郑州的房价不可能只停留在 3 000 多元。

我又依据什么判断郑州新区的房价会超过老区？因为政府在郑州新区做了大量投资，修建了地铁，拓宽了道路，建了高楼大厦，新区更接近现代化的大都市，所以新区房价高于老区的房价是有道理的。郑州高铁建好后，郑州东站附近的房价都涨了。

2005 年，我判断中国未来有四个大一点儿的省会城市的房价一定会涨，一是郑州，二是合肥，三是武汉，四是长沙。我为什么这么判断？

当时我看到中国省会房价的数据，只有这四个城市的房价还在 3 000 元左右（不包括中国东北和西北的边远地区）。因为省会城市周围有腹地，当经济发展了，农村人口会向城市聚集，我认为这几个城市的房价一定会涨，但没想到会涨得那么快。

以合肥为例。合肥这个城市原来不大，但它的腹地很大。安徽省的农村人进城打工，年轻人买房的需求逐渐增大，合肥的房子供给又不能马上增加，就会造成某一时期房价猛涨。随着合肥的土地供给扩大和新房的增加，房价就会达到一个平衡价格，就是供给和需求平衡价格。

买房时，你需要考虑的另一点就是，政府投入建设的基础设施在哪儿，哪里的房价就会涨！

2007 年，北京开奥运会之前，奥运村附近的房价，精装修房的价格是每平方米 1.7 万元。2008 年后，奥运村房价直线上升到 5 万元每平方米。为什么呢？北京为了办奥运会，政府在奥运村周围大量投资，有两条地铁从这里通过，四环和五环交通顺畅，基础设施完善，生活很方便，出行也很方便。这里的房子当然值这个价。

当你发现你住的城市，政府准备修一条路，修一条地铁，建一条轻轨或公交线路，建一个大商场，这些地方就值得买房，未来就有升值空间。只要政府修了路，建了地铁、高速公路、高铁之后，地铁沿线、高速公路沿线、高铁口、高速公路口、地铁口、公共汽车站点等周边的房价都会涨，因为出行方便了。

根据洼地原则，一线城市房价先涨，二线城市房价后涨，但二、三线城市房价上涨的幅度和速度都没有一线城市大和快。

为什么呢？这也是由土地的稀缺性和人口流动性决定的。如果一个城市的土地可以无限向外扩张，这里的房价就不会持续上涨。为什么呢？因为只要房价一涨，开发商认为有利可图，就会增加房屋的供给，就会加紧盖房，这里的房价就升不上去。而一线城市周边没有了土地，土地供给不足，需求上升，房价上涨。所以，考虑一个城市的房价是否会上涨，主要看土地供给和人口是否会持续流入。

你买房一定要看城市外围还有地吗？区域周边还有地吗？如果已经没有地了，你选择买这里的房子就有升值空间。这是由土地稀缺性决定的。具体到买住宅，需要考虑什么呢？

> 选择区片很重要，买住宅要考虑生活是否方便。家有老人和孩子的，老人病了需要去医院；孩子需要上幼儿园、小学、初中、高中。上班交通是否方便？有地铁吗？有公交车吗？有轻轨吗？有高铁站吗？有机场吗？……
>
> 买住宅要考虑学校、医院等等。你如果在市中心选房，交通方便的地段，未来会有升值空间；你如果在城郊买房，价格便宜，性价比高，但升值空间相对小。因为要考虑教育、文化、养老、医疗、交通等因素，要出行方便、看病方便、上学方便，满足这些条件才是好房源。

当然，养老也是需要考虑的问题。城市的养老院是稀缺资源。我认为，下一个抢房的重点市场是市中心的高端养老院。

如果你选择住宅，未必要选在市中心，未来的居住趋势是郊区化。

发达国家的城市中心不住人，人们都住在郊区。为了生活质量好，可以呼吸到新鲜空气，富人选择在城郊居住。现在中国人还都愿意扎堆住在市中心，享受那里的文化生活。未来的中国也许不是这个样子，富裕的人愿意搬到乡下居住。郊区化是中国未来的居住趋势。

讲完如何买住宅，我们再讲讲买商铺和写字楼时该考虑什么，买一个商铺可以养三代人吗？

第 6 讲

买商铺和写字楼

如果你想投资商铺和写字楼，该考虑什么呢？

商铺好理解，就是买卖东西，做商业的地方就叫商铺，自古有之。

一个城市发达与否看什么？当然是看它的商业氛围好不好，看它晚上是否灯红酒绿。年轻人之所以愿意住在大城市，愿意到大城市打工，是因为那里商业氛围好，赚钱机会多。人们之所以不愿意住在乡下，就是因为那里商业设施少，文化生活不丰富。那什么是写字楼？写字楼就是专业的商业办公用楼。现在有些公司规模比较小，不必自己盖一栋楼来办公。人家盖好大厦之后，一层层出租，或者一间间出租，整栋楼都是办公用的，这就叫写字楼。

写字楼是从国外引进来的模式，分为甲级写字楼和 5A 级写字楼。到北京的市中心去看看，那些摩天大楼基本上都是写字楼，也就是高档办公的地方。现在各大城市都有高端写字楼，国外也如此。

商铺、写字楼和住宅不同，它们具有一种特殊的功能，那就是投资。

如果你想买商铺，主要看什么？

我认为，主要看稀缺的位置。那什么样的商铺位置算是稀缺的呢？

比如，在一大片社区有很多住户，周边没有多少其他的商业服务配套设施。人们生活讲究就近原则，如洗衣店、面包房、咖啡馆、各种饭馆等等，在这里经营商业赚钱的机会就多。大多数买商铺的都是投资者，他们自己不经营，都租给经营者。

你买了商铺后，商铺租金怎么才能高呢？这涉及稀缺的概念。

例如，早些年香港的商铺不贵，跟中国内地现在一样，商铺和住宅在价格上没有太大区别。香港是一个自由贸易港，所有进口商品都免税，后来香港的商业发展得越来越好，商铺也随之火了起来。香港是一个旅游胜地，商铺租金越来越贵。

在香港铜锣湾的一个街角有一个摊位，对着六个路口，只卖鲜榨果汁饮料，这里来往人群川流不息，据说摊位费最贵的时候，一年租金就是上千万港币。香港寸土寸金的称号就是这么来的。香港商铺的租金高得离谱，因为商铺能赚钱就有人租。那里挂着大幅标语：这里是全世界人气最旺的地方。那里真的是人气旺，人潮涌动，毫不夸张地说，如果天上下雨，你都不需要带雨伞，因为雨都淋不到你。那里人太多了，过马路都得排大队。那里的商业氛围很好，天气热时，买一杯饮料是必需的，因此那里街角卖饮料的摊位租金就会贵。但远离了闹市区，还是同样大小的摊位，那儿的租金就会便宜很多。

所以买商铺，最重要的是地段，这是买或租商铺的黄金法则——选择稀缺地段，人流密集地段。

地铁口、高铁站、公共汽车站等处的商铺会有升值空间。

我很喜欢成都这个城市，不仅仅因为那里有国宝大熊猫，还因为那里的商业氛围。

成都被誉为天府之国，是最适合人类居住的地方。成都人特别乐天，大家都喜欢吃火锅，特别是晚上，街上灯火通明，人们都上街吃饭，这里有饮食文化的氛围，所以成都的饮食文化非常好。这一点很像香港，所以，未来成都商铺的发展空间很大。

如果你想投资商铺，第一考虑地段是否稀缺，第二考虑人流量多少，第三要知道商铺需要时间养。

你买了商铺需要养，不像买住宅，马上就能租出去，商铺有时需要养三五年，商铺周边的商业氛围才会成熟起来。刚开始时商铺的租金很低，还有可能暂时租不出去，要赔几年才能持平，之后才会赚钱，所以投资商铺要做好心理准备。

人们常说，买商铺好，一铺可以养三代人。这句话也不尽然。为什么？不是所有的商铺都赚钱，只有稀缺的商铺才赚钱，不稀缺的商铺不赚钱。

选哪里的商铺才能赚钱？这就要看商铺和住宅的比例了。

如果开发商在建楼时，盖了一大片居民楼，只建了 5% 商铺，其余都是住宅，商铺稀缺，这样的商铺就好租，就能赚钱，因为物以稀为贵。

反之，如果开发商为了赚钱，在住宅楼下盖满了商铺，那商铺就不好租。大家知道，商铺的价格比住宅卖得贵，如果商铺的比例超过 20%，比 5% 多出 4 倍，试想一下，1 家面包店生意好，4 家面包店还怎么赚钱？ 1 家洗衣店正好，4 家洗衣店谁还赚钱？

以此类推，如果商铺供过于求，商铺的租金上不去，买商铺做投资就不赚钱了。现在开发商在盖住宅楼时，基本上都加大了商铺的比例，这导致买了商铺的人不赚钱，钱都被开发商赚走了。这是你在买商铺时要注意的。

你也许会发现，中国的住宅和写字楼的价格倒挂，这种现象合理吗？很多人不理解这种现象，问我为什么。

10 多年前，北京马甸卖写字楼，我的学生问我，老师我想买这里的写字楼，你觉得合适吗？我问了一下价格，大家猜猜当时是写字楼贵，还是住宅贵？我一问，两者的价格竟然一样，也就是写字楼的售价和它后面的住宅价格一样，都是 3.8 万元每平方米。我觉得买写字楼合适，建议她去买。

为什么会出现这种情况呢？因为中国人刚刚有了一套住房或者还没有一套自己的住房，他们现在最想买房子住，而且还想不断改善住宅，还没有想到买商铺和写字楼做投资，也没有想到商铺和写字楼能够赚钱，以为房子只是拿来住。

所以在很长一段时间，中国大城市的商铺、写字楼和住宅的价格倒挂，后来持平了，现在北京的商铺、写字楼价格已经远远高于住宅价格了。

还有一个例子，2016 年我去深圳前海讲课，那里要出售写字楼，当时的售价是 5.5 万元每平方米。我问后面的住宅多少钱，他们回答是 5.7 万元每平方米。我一听觉得不理解，为什么住宅的价格高于写字楼呢？我在讲座中说了这个问题。

2018 年我去深圳讲课，问了一下前海的写字楼价格，已经远远超过后面住宅的价格了。

中国现在有些城市，住宅价格高于商铺和写字楼，盖出的写字楼无人问津，这是因为这些城市没有足够的服务业和文化产业，所以写字楼卖不上价。当经济发展以后，当人们富裕以后，当一个城市的第三产业超过第二产业后，当它的服务业比重越来越大时，写字楼和商铺的价值空间就会凸显出来。

几十年前，香港的商铺和住宅的价格之差也不明显。没想到后来香港逐渐变成了国际性的商业大都市，商铺的价值空间凸显出来，商铺的价格远远高于住宅的价格。也许你会说，未来电子商务的需求越来越大，年轻人谁还去商场购物，都在网上购物，那未来的商铺是不是就不值钱了呢？

商业服务永远是人们需要的，只是商业的形式会不断变化而已。

过去都是零售店，现在都是专卖店。美容美发店、咖啡店、电影院、餐饮店等不会消失。你想喝一杯咖啡，看一场电影，和朋友们聚个餐，这些总不能在家里完成吧，所以商铺和写字楼是人们需要的。

不过在这里要提醒买商铺和写字楼的投资者，买商铺和写字楼需要考虑的问题很多，比买住宅的风险大多了，所以投资一定要谨慎。

第7讲
买房看机会成本

经济学还有一个重要的概念，就是机会成本。什么叫机会成本？买卖房子的机会成本是什么？

什么叫机会成本？现在你在读我的这本书，这段时间你就不能干其他事情。你不干其他事，你没赚的钱，就是你读这本书的机会成本。

机会成本就是你干这件事就不能干那件事，你不干那件事的损失就是你干这件事的机会成本。这个概念不好理解，我举几个例子来说明。

例子1　做运动员和读大学的机会成本

在运动赛场获得冠军的人常常放弃了读大学的机会，他去参加国际比赛拿到冠军，冠军的机会成本是什么？就是他没上大学。反之，如果他选择了上大学，没得冠军是他上大学的机会成本。

选择什么对他来说是经济的呢？他要考虑的是机会成本 。

有人趁自己年轻时努力拿到冠军，实现了人生理想，还获得了很多奖金。之后再去读大学，将来既有工作，经济上又富裕，他认为这非常划算。反过来，一个人做运动员很多年，可惜他不是这个料，既没拿到冠军，也没上成大学，那他做运动员的机会成本就太大了，因为他错过了上大学的机会。

在清华，我曾经教过奥运冠军。他们常说，老师，我们不是不想好好学习，好好听课，只是我们的心思不在这上面，我们必须全力以赴打比赛，如果打不出好成绩，我们的职业生涯就完了。我说这就是机会成本。你们确实要做出选择，看哪个机会成本更大就放弃哪个，你们要选择机会成本最小、获得产出最大的那件事来做。

例子 2　在北大听课和谈一笔生意的机会成本

2000 年我在北大讲课，有一位老板说："老师，听你一天课，我没去谈一笔生意，我少赚了 10 万元。"我说："确实，你今天没有赚的钱是听我课的机会成本。但是，如果你因为没听我的课投资失败了，那么你的损失就不止 10 万元了。"

那这位老板是选择听课，还是去谈生意呢？他要比较的是机会成本，要看哪个机会成本最小，能让他的收益最大化。

又比如，我花 8 个多月的时间写书，这 8 个多月我放弃了做别的工作。我没在别处赚的钱，就是我写这本书的机会成本。

我要比较的是，做哪个工作的机会成本最小。

你每天都面临着选择，你要选择机会成本最小、收益最大的事来做，这是你每天都要面临的选择。只有选择对了，你才能更经济地生活。

经济学的两个重要概念，一个是稀缺性，一个是机会成本。

你每天做事的时候，都要想一想：我做的这件事，它稀缺吗？我该做吗？我做这件事的机会成本大吗？

为什么有些人做事情容易成功，而有些人做事情经常失败呢？差别就在于有没有经济学头脑。一个人不会用经济学理念指导自己的人生，他就不会做出正确的选择。

如果你懂得选择稀缺，选择更小的机会成本，获得最大的收益，那么你的人生就会更经济，你就更有能力做正确的事。想想看，人的一生时间是稀缺的，把这么稀缺的时间浪费在机会成本很大的事上，那你的一生不就收效甚微了吗？

让我们回到房子的话题上来，买房要考虑机会成本。

2016 年我在清华给企业班学员上课，上课前我正在教室里备课，听到一位企业家说："大家好好听韩老师的课，2006 年我来清华听课，当时韩老师说，北京房价未来会涨，可我没买房，回到家乡投资了 4 000 万元，我现在全赔了，损失了 4 000 万元。"

我抬头问道："老总，你赔的是 4 000 万元吗？如果你在北京买房，当时房价每平方米不到 1 万元，现在是 5 万元，你的 4 000 万元可以买下 4 000 万平方米的房子，现在这些房子的价值是 2 亿元，所以你赔的不是 4 000 万元，而是 2 亿元。”他还是没明白机会成本是什么。

他没在北京买房，而是回家投资企业，4 000 万元都赔了。如果在北京买房会赚 2 亿元。可以说，他回去投资这件事的机会成本太大了。

那什么是买房的机会成本？

假如你有一笔钱，如果没有买房，去做别的事，那没买房赔的钱是你做那件事的机会成本。那这笔钱是买房呢，还是做别的事情？要考虑机会成本。如果你买房是刚需，就是你需要住，我的观点是你何时买房都是对的。什么是刚需？就是这房子是你和你家人要住的，这就是刚需。

为什么？比如一套房 100 万元，首付 30 万元，贷款 70 万元。反正你是自己住着，房价跌了你得住，房价涨了你也得住，房价涨跌跟你没有什么关系。如果房价涨了你把房子卖了，可以得到很多钱，但除非你不再买房，假如你再买房，还要花同等或者更多钱才买得回来。所以，当我们只有一套房时，房价的涨跌和我们关系不大，那只是一种心理上的感觉，觉得房价涨了，财富增加了。如果你问，我没有买房，我手里连一套房都没有，那房价的涨跌和我有关系吗？

如果你是第一套房，买房是刚需，就不要犹豫了，任何时候买都不会错。年轻人首付不够，可以找父母借一点钱，以后还他们。这样做非常合适，以后工资会涨，但房价涨幅远远高于工资的涨幅。我曾经给很多年轻人这样的建议，他们都在房价低的时候贷款买了房子。

在清华读工商管理硕士的学生，凡是在我班上听了我的课的人，都在北京房价低的时候买房了。2016 年我和这些同学聚会时，他们说："老师，非常感谢您，在北京房价低的时候建议我们买房，这 10 年北京的房价涨了这么多，如果当时我们没买房子，现在肯定买不起了。"

再讲一个香港人卖房的故事。

2000 年前后，我在北大上课，那天班里来的企业家很多。下课后，坐在后排的一位香港学员说："老师，我在香港有一套房子，我想卖掉。"我说别卖，他说就卖，我说别卖，他说就卖。我说你上前来。

我问他："你为什么要卖房呢？"他说："香港的房价太高了，我担心香港的房价会跌，我想卖掉房产，躲过房地产泡沫的风险。"

我问他："你怕香港的房价跌，你就不怕港币贬值吗？如果把香港的房子卖了，房产就变成了港币。你担心香港的房价会跌，你就不担心港币贬值吗？而且我判断，港币贬值的速度比房产更快！"

他说："我就要卖房，您给我一个建议吧。"

我给了他三点建议：

第一，你卖了香港的房产，房子就变成了港币，但是你不能拿着港币，因为港币会贬值。

第二，你把港币兑换成人民币（当时港币贵，人民币便宜），你可以多换一点儿人民币。但是人民币也会贬值。

第三，你拿着人民币到深圳买一套房子。未来深圳房价会涨，人民币和港币相比，会涨。但你再想把人民币换成港币，回香港买一套房子，估计你就买不回来了。

那后来的结果如何呢?

现实和他想的正好相反：香港的房产升值了，港币跌了。港币跌了多少？原来人民币兑换港币汇率是1：1.16，现在是0.8：1，港币跌了40%。香港的房产升值了，升了多少？原来1套房子是1 200万港币，现在是2 800万港币，升了一倍多。

这个故事说明了什么？就是资产和货币不是一回事。它们之间可以交换，但是各有各的价格走势。就像港币资产和港币不是一回事，人民币资产和人民币也不是一回事。这位学员卖房这件事的机会成本太大了。

因此，你买房或卖房时都要考虑机会成本。

你每天都要比较一下机会成本的大小，这样你的一生就会过得很经济。

第8讲

买房要注意几件事

在平时讲课中，总有人问我：

老师，我想买房，是买现房好，还是买期房好？

是买精装修的房好，还是买毛坯房好？

是用现金买房好，还是用贷款买房好？

林林总总，各种问题。在买房的过程中，你该注意哪些问题呢？

我总结出买房应该注意以下五点。

第一点，现房远比期房好。

为什么？因为现房是睁着眼买的，期房是闭着眼买的。

也许有人会问，买房为什么会有现房和期房之分呢？

什么是现房？现房是房子已经盖好，你可以现场去看房，当时就可以买下。什么是期房？期房是房子还没盖好，你先交钱，几年以后才能拿到房子。在中国楼市很热的时候，卖期房的房地产商比比皆是。

期房最早起源于香港。香港早期卖房，因为房源紧张，所以卖期房，也叫卖楼花。

我们来看看他们是怎么发明期房的。

100 年前的香港还是一个小渔村，20 世纪 40 年代，香港人口还不到 50 万，房地产出现的时间并不长。

1945 年抗日战争胜利后，来香港的人数激增，几年的时间，香港的人口就增加到 200 万，猛增了 4 倍，可香港的房屋却非常短缺，钱多房子少，一时间香港的房价和房租都猛涨。

之前香港房地产商的房产交易，不论是卖一个大院还是卖一座小楼，都是整体出售，当时香港房价上涨，整栋卖总价太贵了，普通人买不起，只有少数有钱人才能买得起。这样一来，大多数房地产商只能靠收房租获利。但是房地产商只靠收房租，资金回笼太慢，于是就有些房地产商干脆就把整栋楼拆开来卖，比如一栋楼有 5 层，就拆成 5 份，分别卖给 5 个人。

在 1952 年，就有两栋新楼卖给了 10 户人家，两天就卖完了，一时间轰动香港。当时每层差不多有 90 平方米，一套售价 2 万港币，才 2 万港币买套房是多么便宜！可当时普通人的月薪才不过两三百港币，根本不可能拿出那么多钱买房。

那怎么办呢？又有一个房地产商要建 100 栋 5 层的楼，也打算分层出售。不过即便如此，公司资金压力仍然很大，没有这么多钱怎么建楼呢？买房的人钱不够又怎么买房呢？于是他们想出两招来：一是在房子动工前就卖期房，二是支持买房人分期付款，支付 10%~30% 的首付，就可以预订一套房。于是，香港开始出现炒楼花，所谓的炒楼花就是卖期房。

中国内地房地产市场的兴起比香港晚了半个多世纪，很多内地房地产商的经验都是从香港学来的。比如，为什么卖期房？开发商的资金不够怎么办？可以卖期房啊，先获得资金再建房。买房人的钱不够怎么办？找银行借啊！可以按揭。香港人的创新精神，不亚于今天的互联网企业家。

当你了解了什么是期房之后，我们再来说，如果你买房时有现房也有期房可供选择，我给你的建议是，有条件你一定要选现房，尽量别选期房。为什么呢？

一般期房预售的时候，开发商会给你看一个样板间，样板间让你看得心满意足，但等你收房时，不管开发商把房子盖成什么样，你都只能照单全收。

如果你买的期房是个烂尾楼，开发商没钱继续盖，跑路了，你的房子就会遥遥无期。期房的不确定性太多了。

如果你买的是品牌房地产公司的期房，可能还好点儿，它们不会因为这个项目做砸了而影响后面的项目。

第二点，精装远比毛坯好。

如果有精装房，就尽量别买毛坯房。这是为什么呢？

中国城市刚开始建房时，就像农村盖房子一样，先把房子盖起来，至于内部装修那就是个人的事情了。有些农村盖了一栋栋小楼，外表很漂亮，但进去一看，实在不敢恭维，装修差得没法住。

20 世纪 90 年代我在德国时，看到他们建房不是特别难，他们的装修材料全是组合的，已经加工好了，搬来组合就行了，房子里面的装修搞好了，连房子外面的花草都种好了，他们把房子建得像花园一样，买房人搬进去就可以住了。

2016年，我去加拿大住在温哥华。我去附近看新建的房子，房子建好后，房内的装修都搞好了，厨房的厨具和洗手间的卫具都装好了，只需要把家具搬进来就可以生活了。

当今世界，发达国家盖房子都是装修好了的。北京现在已经不允许卖毛坯房了，为了环保的需要，必须卖精装房。

想想看，如果你买了毛坯房，装修好了搬进去住，可你的楼上楼下10年内都在陆续装修，就等于你这10年都住在工地上，你怎么生活？因此，如果有条件，一定要选择精装房，这代表房产的未来趋势。

第三点，贷款远比现金好。

过去那些年，我在课堂上经常说，如果买房，一定要找银行贷款，贷款的期限越长越好。但很多人都不敢找银行贷款，有的人就是贷了款，一旦有钱也立刻还上，否则就睡不着觉，这是上一代人的通病。特别是一些老年人，虽然政府年年提高他们的退休金，但是他们有钱不花，都存起来，更别说贷款买房了。

我建议，现在的年轻人别像老年人一样，一定要活在当下，你今天消费得到的快乐，和你20年后得到的快乐是不一样的。

举个例子，老一辈中国人年轻的时候没有房子住，清华的老教授们年轻时，一家有两个孩子，四口人挤在一间房子里，放书桌的地方都没有，拥挤不堪。孩子长大了都出去了，后来他们都有了大房子，可房子空荡荡的，只剩下两个老人。这就是资源的不对称性，需要的时候没有，有的时候却不需要了。

说到买房为什么要贷款，有人说，等我存够钱再买房不行吗？我想说，靠你的工资，无论怎么存钱都买不起房。工资上涨速度赶不上房价上涨速度。中国有很多人一直在存钱买房，可一直没买上房子，为什么呢？因为通货膨胀。

例如，30 年前我手里有 5 元钱，我带着它读大学、读研究生，当时 5 元钱放在箱子底下，我想，遇到任何事，这 5 元钱都可以让我过一个月。那时物价很便宜，我们在大学食堂吃饭，一份菜才几分钱。上了 4 年大学我花了 800 元，还是国家给的。今天我这 5 元钱可以在北京吃一顿午饭吗？你们一定说不行。那一碗泡面总可以了吧？我问大家，30 年后这 5 元钱可以干什么？可以买一瓶矿泉水吗？有人说可以。我说不可以。别说水，连装水的塑料瓶都买不到。未来水资源将会极度短缺。

这 5 元钱 30 年前可以让我过一个月，30 年后的今天够我吃一碗泡面，再过 30 年可以干什么？我们不知道。这个故事说明了什么？

它说明，无论哪种货币都是一国政府印的，不够了可以加印。那土地不够了可以加印吗？资源不够了可以加印吗？房产不够了也可以加印吗？都不可以！

所以，我的观点是：买房可以不升值，但它一定能跑赢通货膨胀。

你若买房，找银行贷款是合适的，因为贷款利率就是那年的通胀率。你只还了本金，没还利息。谁替你还的？是存款人！他是负利率，越存越少。也就是说，你用今天的钱还昨天的贷款，你更合适。

第四点，房子早买比晚买好。

20 年前，如果你手里有 10 万元，你以什么方式保留到今天最划算？是存款，是买电视冰箱，还是买汽车？很显然这些方式都赔了。因为 20 年前 10 万元能买到一套房，今天可能连一个洗手间都买不到。最能保值的是房子，钱在贬值，房子却在升值。

房子是一种特殊商品，它不仅有居住功能，有投资价值，还有抵抗通胀的能力。

明白了这一点，你就不会一直抱怨房价上涨了，也不会总想等着房价跌了再买，可是一直没等来了。

我在网上看到一个年轻人谈他自己 10 年买房的心路历程。

他这样说：如果给我一个机会能回到 10 年前，我除了买房还是买房。2007 年我想买房时，家长说着什么急，你这么年轻还怕买不到房？2008 年我又想买房，女朋友说，房价肯定会降，等降了咱再买。2010 年我鼓足勇气想买房，看了几十个楼盘，问了无数个朋友，结果想买的房子都卖光了。2013 年我拿上户口本、银行卡，无论如何都要买套房，结果想买的楼盘已售罄。

2016 年我上网查询各个楼盘房价，已经没有我买得起的房了。2017 年我连购房资格都没了。唉，我这辈子是买不上房了！

这个故事说明了什么？这个年轻人的一再犹豫，使他错过了机会。

现实生活中，这样的例子太多了。北京人都没有及时下手，在房价便宜时买房。什么人在北京买房了？那些到北京打工的外地人，他们实在没有地方住，想尽办法借钱买房，结果他们买了房。

遗憾的是，很多北京人错过了最佳的买房时机。当时房价便宜，首付才 20%，银行还给贷款。那时不买，等房价越涨越高，想买也买不起了。原来可以买一套房子的钱，现在只能买个洗手间了。

所以，如果你有钱，房子还是早买比晚买好。

第五点，淡季买房远比旺季买房好。

旺季时，开发商都在捂盘，到年底了逐渐卖盘。淡季时，大家都在观望，这时你要快速出手，才能买到价格优惠的房子。

如果你想买二手房，也要把握季节行情。统计数据表明，从 2005 年到 2017 年，这 12 年间，房价指数被低估的时间，大多集中在 12 月至来年的 3 月。天气冷人心也冷，这段时间的楼市很冷。3 月之后房价才开始上升。原因是大家忙着过年，买房要等过年后再说。所以，3 月是楼市的小阳春。但买房要反其道而行之，你买房应该买在淡季，卖房应该卖在旺季。

第9讲

买房还是租房？

在买房和租房上你应该如何选择呢？说到这里，经济学还有一个重要的概念，就是选择性。在前文中，我讲过经济学研究稀缺性，其实经济学还研究选择性，在资源如此稀缺的条件下，你选择什么呢？

经济学既是一门研究稀缺性的学问，也是一门研究选择性的学问，你选择什么很重要。

比如，有人选择有钱去投资，有人选择有钱买股票，有人选择有钱买保险，还有人选择有钱存银行。每个人选择不同，得到的结果也就各不相同。

怎么选择更经济呢？你会选择稀缺性的机会吗？你会选择稀缺性的房源吗？你会选择把健康放在第一位吗？其实，人在不同的年龄段选择是不一样的。比如，人年轻时，赚钱可能是第一选择；人到中年时，理财可能是第一选择；人到晚年时，健康是第一选择。

现在最重视养生的是什么人？都是60岁以上退休的人。到了退休才发现健康原来最重要，没了健康，金钱、地位、名利都白搭。可是这批人，在年轻时忙着工作忙着挣钱，忙着养家糊口，没有考虑什么最稀缺，什么最重要，怎样选择是正确的。

很多人都是事后才明白，可惜已经晚了。

选择很重要，每个人每天都面临着选择，你能做出正确的选择，从而避免做出错误的决定吗？

我在德国读书时，就听说过西门子公司的故事。西门子公司是德国最著名的生产电气化产品的公司，每天都有很多好的投资机会，公司高管们每天开会讨论该不该投资，讨论的结果是，99% 以上的机会他们都放弃了，因为他们发现很多投资机会看似馅饼，其实都是陷阱。西门子公司曾经大规模投资做手机，后来发现在生产手机上它完全没有优势，于是彻底放弃，不再生产手机，因为不赚钱。放弃本身就做出了选择，放弃这件事就是选择的结果。

回到今天我们要说的主题上来，是买房还是租房？我的观点是，房价太贵时买房不如租房。

清华的学生经常问我的问题是：我们是该买房还是该租房？

这是现在中国年轻人普遍面临的问题：该买房还是该租房？

北、上、广、深房价高，大学生望尘莫及。

大学刚毕业的学生，根本没有能力在这些城市买房。

来城里打工的农二代也没有能力买房。这就提出一个问题，未来中国年轻人在城里怎么生存？

中国人把房子看得太重，尤其是现在。没房子连成家都是问题，所以买房对年轻人来说是个巨大的压力。那国外的年轻人是怎么生存的呢？国外的年轻人相比国内的年轻人生活得轻松些。

在20世纪90年代，我感觉我活得比外国人轻松，虽然工资不高，但物价低，需求也容易满足。我看德国年轻人，女士们都留很短的头发，男士们都留长发，后来才发现理发费用很贵，男生都留着长发不去理发。德国的女士们没有人穿高跟鞋，都穿平底鞋。他们都跑着工作，基本没有自己买房的，都是租房住。我问他们，为何不回去跟父母住？他们说没有自由。那为什么不继承父母的房产？因为要支付高额遗产税，他们缴不起。遗产税有多高呢？40%。比如一套房是100万欧元，那就需要缴40万欧元现金，这么高谁缴得起？我们中国现在的生活，有点像20世纪90年代发达国家年轻人的生活，当人们富裕后，人的需求在提高，生活压力就变大了，这是社会进步的必然结果。

2006年，我去澳大利亚，看到那的年轻人不买房，他们喜欢到不同的城市工作，到一个城市找一份工作，租一个房子，工作几年这个地方都熟悉了，就换一个城市继续生活，这样一生就把澳大利亚游了一遍。这种生活也挺有趣的。这是现在世界上绝大多数年轻人的活法。在欧洲和美洲，年轻人压力没有这么大，他们要快乐得多。

我和他们有同感。当年在国外读书都是租房住，变换不同的区域和不同的城市，这给我留下了深刻印象。2017 年我再去德国时，把我当年住过的地方都看了一遍，感觉特别亲切。那些曾经是我生活过的地方，那房子不属于我，没关系，但那个房子我住过。我留恋不同城市住过的房子，因为那里给我留下了美好的回忆。

我们来看看德国人是怎么看待住房问题的。

60% 以上的德国人并不购房，而是选择租房。原因很简单：租房比购房更合适。

即使是在繁华地区，一套三居室的住房也不过 800~1 000 欧元，偏远点的地方，600 欧元也能租到。德国人的月平均收入大概 3 000 欧元，合人民币 2.4 万元，他们用大约不到 1/3 的收入来租房。还有大约 15% 的德国人继承了祖上的遗产，他们既不需要买房也不需要租房，这样算下来，只有 25% 的德国人购买了住房。

德国人为什么不像中国人那样热衷炒房呢？原因是德国的房产流动性很差，加上政府税收因素，如果谁要把买到的房子转卖出去，可能会亏钱。德国人认为把一大笔钱压在房产上，从商业的眼光看是不经济的，所以租房是德国人做出的明智选择。

中国年轻人被买房压得喘不上气来，一辈子做房奴。其实我们可以向国外年轻人学习，没有必要在一个地方生活一辈子。如果你选择租房，压力轻不说，还可以换不同的居住环境，况且我国政府推出了个人所得税的住房租金抵扣政策，就是你住房的租金一部分可以从你缴的个人所得税中抵扣出来，所以房价太贵，买房就不如租房。

再举一个例子。香港好一点的100平方米的房子，价格是2 800万港币，首付就需要1 000万港币，年轻人刚工作哪有这么多钱交首付？如果是租这套房子，一个月的租金是5万港币，一年60万港币，需要50年才能拿回本金。那是买房合适还是租房合适？比较下来，香港人多数是租房住而不是买房。在中国内地我也算了一笔账，比如在北京买一套房需要500万元左右，首付需要150万元，贷款350万元，期限是20年，每个月要还款2万多元，想想看，什么工作可以一个月赚到2万元？就算是夫妇两个人共同还贷，压力也不小，还需要生活、养家糊口等等。那么在这种情况下，买房就不如租房了。

中国刚走入买房买车的阶段，国外在工业化和城镇化时代也和我们相同，它们也走过这个阶段。中国最近这20年，比过去几千年盖的房子都要多，然而这种现象今后不会再出现了，那未来的趋势是什么呢？就是中国既没有房子盖，也没有地方盖房子，今后人们面对的不是买房而是租房的问题。

随着互联网的普及和与国际的接轨，中国年轻人应该向外国人学习，不必把所有资金都压在房产上，你能够用租房的方式活着，也是一种生活方式和生活态度。

这样可以相对轻松地活着。我想未来很少有人会谈买房的话题，都是租房。因为大多数人都会租房住，就像德国人一样，一直租房住。

第10讲
政府为何要调控楼市?

这一讲我想谈政府对楼市的宏观调控。先给大家讲一个小故事

2010 年，我在清华大学给工商管理硕士学生监考，考试结束后有个学生拿出手机，打开短信给我看。短信内容是 2010 年中央领导人到澳门参加中国—葡语国家经贸合作论坛，会后，中国年轻的记者问："总理，中国政府对楼市的宏观调控经过这么多年，您一直说要把过高的房价降下来，我们就没有买房，等着您把房价降下来再买。这房价怎么越调越高了呢？我们是该买房还是该租房？"

总理答道："政府宏观调控这么多年，就是致力于把过高的房价降下来，没想到房价真的是越来越高了，我看你们买不起房就先租吧！"

学生们问我："老师，我们是该买房还是该租房呢？"我的回答是："请问总理吧！"当然，我并不知道这条信息是否真实，但它多少反映了中国人对政府调控楼市的心态。

政府从 2003 年以来，就一直调控楼市，调控土地的供给，

限制买房，等等，可谓费尽心力。我数了数，政府一共出台了37次调控措施，就是用行政命令的手段来调控楼市。到2013年2月26日，国务院又出台了新国五条，对楼市严厉调控，结果呢，上海民政局贴出大幅标语：楼市有风险，离婚需谨慎。

为什么会出现这条标语？原因是人们排队离婚。上海多个结婚登记中心，出现了前所未有的协议离婚高峰。登记中心9点钟才办公，7点就有人排队。一对对的年轻人手牵着手走进去，再喜笑颜开地走出来说："咱们赚了，少缴20%的个税。"因为离婚可以避税。为了制止这种不理性的行为，才有了上海某民政局的大幅标语。

政府为什么这么频繁地出台政策，严厉地调控房价？

政府到底是希望房价涨，还是希望房价跌？

有人说，政府希望房价涨。那为什么房价一涨还调控呢？

有人说，政府希望房价跌。那房价一跌为什么还出台政策刺激买房呢？

也有人说，政府希望房价不涨也不跌。

不涨不跌的情况是不存在的，房价是由供求决定的。

让我举个例子来回答这个问题。

1993年中国有一次房地产泡沫，发生在中国北海和海南。

在北海有一条街，名叫屋仔村。这个村只有一条街，但却有上千家房地产公司云集在这里。街上都是二层小楼，楼上住人，楼下是茶楼，茶楼里的每张桌子上，都有房地产公司在那挂牌，比如某某公司，公司的人都坐在那里喝着茶水。

这时，进来一个背着两麻袋钱的人，那时的钱都是用麻袋装的，一麻袋多少钱，大家都心知肚明。某公司的人拿着一张图纸走上前去说："老板你看看这块地，位置多么好，在您手里怎么都会升个两三倍吧。"他们交谈了 10 分钟左右，结果新进来的这个人把钱交出去，自己拿着图纸坐了下来，喊道："上壶茶。"过了一会儿，一个背着三麻袋钱的人走了进来，这个人拿着图纸上前去，说："您看这块地多好，在您手里怎么都会升个两三倍吧。"交谈了 10 分钟左右，又成交了。

北海的房地产是在图纸上炒的，炒出了这个城市建成面积的 6 倍。陆地上的土地不够炒，人们就在海上造出一块地来继续炒。

2007 年我到云南昆明，给一个银行班上课，我在课上讲了北海的故事。中午吃饭时，行长说："韩老师，我给您讲讲我们银行是怎么炒北海的房地产的。"

在 1993 年，我们银行总行的行长坐在北京的高楼里说："去，派人去北海买地，咱们在北海买块地，建一个银行的培训楼，平时做培训，夏天我们就到那儿度假。"说完就派了一个人去北海买地。

不到一个星期，地就买好了。行长坐着飞机从北京飞到北海，一下飞机，行长说，带我去看看那块地！办事员说："行长，您从北京到北海这么远，路上很辛苦，我请您吃顿饭再去吧！"行长说："飞机上有饭，我吃过了，先去看地。"办事员说："行长，天气这么热，咱们喝杯茶再去吧。"行长说："飞机上不热，不吃也不喝，带我去看地。”

被逼无奈，办事员只好硬着头皮说：“行长，实话跟您说了吧，现在涨潮了，看不见，明天退潮我带您去看！”原来这家银行买了一块沙滩上的地，涨潮时看不见，退潮才看得见。

据说，这房子还真建了，涨潮时底下三层的房子都淹了。后来我去北海就看到了这一幕，有些建在沙滩上的房子，涨潮时看不见，退潮时才看得见。

其实，1993 年中国房地产炒得最厉害的不是北海，而是海南，当时有很多人到海南去炒房。

2001 年的元旦我去了海南，先去了三亚，后到了海口。到了海口，我问司机：“你能带我转一转海口吗？”司机问：“你要到哪里去？”我说你就沿着城市慢慢开，我只想看看这个城市。我们花了大约 1 个小时转了海口，我看到了海口的大量烂尾楼，应该说，我看到的是没有清理烂尾楼之前的海口，那种模样我至今难忘。

第二天飞机起飞时，我坐在窗口旁，往下望去，心里很沉重。我想问，这些烂尾楼压的都是谁的钱？当时一栋楼可以从多个银行贷款，银行之间互不通气。

当海南和北海的房地产泡沫破灭后，朱镕基总理在清华大学经济管理学院做报告时说，他为中国 1 000 多亿元卖不出去的房子睡不着觉。

他说，希望政府拿出一部分钱，房地产公司拿出一部分钱，老百姓再拿出一部分钱，把那些高价的房子买了吧。可是大家知道，房子买涨不买跌，越涨越追，越跌越不买。

朱镕基总理为什么睡不着觉？这 1 000 亿元的烂尾楼由谁买单？

有人说，当然银行买单了！那银行的钱是谁的钱？

举个例子，一个年轻小伙子，在某银行存了 1 000 元钱，一天他去银行取钱，说："把我存的 1 000 元钱取出来。"

柜员说："先生，能别大声跟我们说话吗？请您坐下来，听我慢慢道来。您存在我们银行的 1 000 元钱，经过大流小流，流到北京我们银行总行。总行把您的 1 000 元钱，贷给了北京建国门外一个高档写字楼，第三层有三块砖属于您，您去搬吧！"

你存在银行的钱，银行把它贷出并多倍地贷出去了，开发商不能还银行的钱，银行能还你的钱吗？

柜员接着说："先生您也别着急，回家等着去。过一个星期再来，连本带利息我都会给您。临走时您别忘了看看，我给您的钱，是新票都连着号呢。"这是在说什么？你存银行的钱不在银行了，已经变成开发商的三块砖，开发商不能还银行，银行就不能还你。到时候给你的全是新票，你就知道发生什么事情了吧。

在中国的各大城市，那一栋栋拔地而起的高楼，压的都是谁的钱？都是储户的钱。开发商还不上银行的钱，可是银行必须还你的钱。

所以，我们才说，政府不怕房价涨，政府怕房价疯长以后控制不住，房地产泡沫破了，银行买单，银行没有钱，银行里的钱是储户的钱。怎么办呢？只有找政府，政府也没有钱，又不能不救。政府救银行只有一条路，那就是打开印钞机印钞票。如果政府打开印钞机，那意味着什么？就是通货膨胀。所以说，如果政府买单，就是全国人民共同买单，用我们手中的人民币买单。

很少有人想到，中国的房地产泡沫若破了，是全国人民共同买单，包括我们每一个人。也许有人说："老师，我不怕，我的钱没放银行，我的钱在我家米缸里，在我家炕席底下藏着呢。"你把钱藏起来就没有损失吗？当你拿出来花时，也一样贬值了。

这就是为什么政府怕房价疯长后楼市泡沫破了，政府买不起这张单。

1993 年，那时全国房地产的规模还不大，现在规模有多大？你如果到全国各地走走看，无论多偏远的地区，都有房地产，都能看到新楼，这些新楼压的都是银行的钱。

如果中国房地产有个三长两短，中国经济怎么办？全国房地产规模太大了，一旦泡沫破了，就会引起连锁反应，经济会掉头向下，那有多危险！

2007 年美国的房地产泡沫破了，引爆了 2008 年全球的金融危机。

虽然政府的宏观调控不能决定楼市的价格，但是它可以影响楼市的走势，影响银行贷款的快与慢。

那么，政府对楼市的调控还会继续吗？

现在楼市情况如何？中国楼市的泡沫会破吗？

第 11 讲

楼市调控还会继续吗？

政府为什么要调控楼市，就是怕房地产泡沫破了，让全国人民买单。那楼市调控还会继续吗？

新一届政府上台后，改变了调控的思路和策略，中央不再统一出招，让地方政府分类调控，各城市自己出招。2017 年因为要召开党的十九大，在开两会时，政府工作报告对楼市调控没说什么，就给了市场一个错觉，以为政府不再管楼市了，于是炒家们开始拼命炒房。

就拿北京来说，到了 2017 年 3 月，北京的房价真有点控制不住。那时大街小巷站着的都是举着牌子卖房的中介。北京二环以内房价像坐了直升机一样飙升，从 5 万元炒到近 10 万元人民币每平方米。

例如，在二环内有一套房原来要卖 2 000 万元，挂单很久都没有卖出去，但 2017 年 3 月竟然以 2 800 万元成交了。比预期高出 800 万元！

两会结束后，北京市政府就出台了史上最严厉的调控措施：住宅不许炒，商铺写字楼不许个人买，第二套房贷款首付提高到 80%。紧接着，4 月 1 日晚上，《新闻联播》播出了一条重要消息，中央要建立河北的雄安新区，把北京的非首都功能转到雄安去，这是一个千年大计。这个消息一播出，炒房的人嗅到了天大的机会，于是放掉北京不炒，都跑到雄安去炒了。

4 月 1 日晚政府推出“雄安新区规划”时，我正在台湾，转天早晨一起来走进电梯，就有人对我开玩笑说：“完了完了，你失去了千年等一回的机会。你人在台湾，不能跑到雄安去炒房了。”

当时正好赶上清明节假期，短短几天，雄安变成了大市场，来往的人络绎不绝。可炒房客们发现，雄安三个县全部房产的过户措施都被冻结了，房子可以买卖，但不能过户，土地可以买卖，但不能过户。政府说了，房子是用来住的，不是用来炒的。看到这里，炒房的人全都傻了眼。然而，雄安新区的规划，却让北京人产生了联想。雄安新区要转移北京的非首都功能，会把北京的教育部门、学校、医院、国企这些不是首都的功能，都转移到雄安新区，而且这是千年大计。

把北京的非首都功能都转到雄安去，如果未来北京有几百万人口转到雄安，那北京房价是涨还是跌？有人说会跌！人都走了，没有那么多人住了，北京的房价当然会降下来。

反过来说，如果北京走了几百万人口，北京的天更蓝，水更清，空气更清新，道路更畅通，教育和医院一样都不少，更像一个国际化的大都市，那北京房价是会涨还是会跌呢？大家可能回答，会涨！

我们看，一部分人看跌，一部分人看涨。看跌的人不买房，看涨的人不卖房。由于预期不同，市场就会冷却下来。

政府要的就是这种信息不对称性，一部分人看涨，一部分人看跌，那大家就不炒房了，人们从非理性状态回归到理性状态。果然北京不炒房了，继而全国各大城市都出台了严厉的调控措施。可见，改变人们的预期多重要。

2017 年两会期间，习近平总书记参加一个代表团的讨论时说："房子是用来住的，不是用来炒的。"这就给中国的房地产调控定调了。紧接着，北京、广州、郑州、石家庄、南京等十几个城市，启动升级版的房地产限购政策。

北京的调控进入"五限"时代。什么叫五限？就是限购、限贷、限价、限商、限售。

限购是指限制一户只准买两套房子，多了不允许。

限贷是指贷款买第一套房子首付交 30%，买第二套房子首付交 80%。

限价指北京一手房价格由住建委说了算，一楼一价，一房一价。

限商指普通百姓不许买商铺和写字楼。

限售指买了房子之后，在规定年限内不许随便卖，否则加税。

看，多么严厉的措施！为了控制频繁的买卖交易，不许多买，首付提高，卖价政府说了算，不许普通百姓买商铺和写字楼，买了之后不许随便交易，别再炒来炒去。

这五种限制，给买卖双方都增加了难度。

从2017年4月起，北京的房地产市场冷下来。紧接着，上海、广州、深圳的房价都跟着缓步向下了。这次中央政府用四两拨了千斤。

试想一下，如果不管控，北京房价炒过10万元，房地产泡沫如果破了，全国的房地产不就是汪洋一片了吗？由于北京控制住了房价，中国房地产最紧张的时刻已经过去了。

说完一、二线城市，让我们看看三、四线城市房价又会如何。

我国卖土地有土地出让金的政策，这是政府早年间定的，卖出一块地的收入就叫土地出让金，卖了土地之后地方政府跟中央政府分这笔钱。土地出让金作为地方的财政收入由地方政府支配，这就导致地方政府有卖地的冲动，它愿意多卖地，这就造成房地产过剩的现象严重。

2015年中央提出去库存政策。去哪里的库存？去的是三、四线小城市房地产的库存。

中央给出一个新政策，就是棚户区拆迁的货币化政策。以前城市拆迁给房，现在拆迁不给房，给钱，拿着钱你可以去买房子，这就导致了三、四线城市房价的上涨。

2014年拆迁的货币化占比只有9%，2017年为50%，2018—2020年计划达到60%。截至2017年年底，一些三、四线城市，从原来的库存积压变成房价上涨，也加入限购行列。

这一招很灵，很多大房地产开发商，原来都待在大城市等着拍地，一看到三、四线城市房价涨了，就去那里跑马圈地。这就把资金引到三、四线城市去了。

那房地产市场的现状如何？

（1）一线城市严格调控，市场降温，房价可控了。

（2）二线城市经过一波飞涨后，都在限购，房价也明显降了。

（3）三、四线城市房价有所抬头，有小幅上涨。

然而，这只是一个短期现象。大家千万不要寄希望于三、四线城市的房价也会像一、二线城市那样暴涨，这样的可能性不大。因为一旦三、四线城市房价涨了，土地就会向外扩张，这些城市的房价自然就涨不上去了。大城市房价猛涨，重要的原因是土地供给不足，这一点在深圳看得最清楚。

我的结论是：中国楼市的问题，不是总量问题，而是结构性问题。一、二线城市房子供不应求，三、四线城市房子供过于求。

我的判断是：从全国来看，眼下房地产泡沫不会破。

现在政府的调控是，一、二线城市政府的任务是对楼价宏观调控，不让房价过快增长。三、四线城市政府的任务是去库存，使现在房地产的库存量有所下降。

这届政府调控思路有三点不同：

（1）由过去的中央调控变为地方调控，由原来的统一调控变成分散调控。

（2）由过去使用行政命令变成使用经济手段，未来可能会收房地产税就是一个例子。

（3）政府想用国民收入增长来控制房价涨幅，逐渐熨平房地产泡沫，中央政府不想戳破楼市泡沫。

楼市调控的主基调是：房子是用来住的，不是用来炒的。买房住可以，但炒不可以。这是中央宏观调控的精神。所以，在这里告诫大家，别去炒房，因为炒房没空间了。

第12讲

房地产税会推出吗？

最近课上经常有人问我："老师，中国会推出房地产税吗？我们手中有多套房子，现在是该卖掉还是拿着？我们担心房地产税推出后，房价会跌。"

其实，这是两个问题：一是中国房地产税会推出吗？二是推出房地产税后房价会下跌吗？

先讲第一个问题：中国会推出房地产税吗？

这里首先需要解释一下，什么叫房地产税。顾名思义，给拥有的房产缴税叫房产税，给占用的土地缴税叫地产税。两个合起来，就叫房地产税。

有人说，我们买房时不是缴税了吗，怎么现在还要缴税呢？

你买房时缴的税，那是在买卖环节缴税，现在是在持有房产的环节缴税。以前你买了房子放在那儿，不租或不住都没有成本。以后要征收房地产税了，你要为这套房子缴一笔持有房产的税，而且每年都要缴。

具体怎么缴税，应该缴多大的比例，现在还在研究之中。

有人会不理解，为什么房子在持有环节要缴税？你住的小区要交物业费吧？你为什么交小区物业费？就是因为有人帮你管理这个小区，打扫卫生，种花种草。那么出了小区，走向社区，走到市里，那里需要清扫街道，修剪树枝，浇水扫地，修路架桥，这些活由谁来干？政府做这些需要钱吗？那钱从哪里来？

为什么要收房地产税？是为了财政收入。

10 多年前，我参加了一个电视节目，主持人问："韩老师，中国会推出房地产税吗？"我答道："我反对！中国的普通百姓刚刚买上房，贷款还没还完，国家就收税，让我们怎么生活？"

我知道，国人心里普遍抗拒收房地产税，谁都不愿意缴税。但我更知道，房地产税的推出在中国势在必行！为什么这么说呢？因为从经济学的角度看，收房地产税是因为政府需要钱。有人问，政府不是收了企业和个人的所得税了吗？是收了，但收上来的税钱不够用。地方政府维护一个城市的文化、卫生、治安、环境等等都需要钱。

那为什么过去不收房地产税，现在却要收呢？

政府过去有土地出让金支撑，以后没了土地出让金，政府怎么给社会提供公共设施和公共服务？

这里我想展开讲讲土地出让金是怎么回事，前面多次提到过这个概念。

我国在 1994 年进行了财税体制改革，我们是分税制。朱镕基总理当时在制定财税改革方案时说："中央收中央税是国税，地方收地方税叫地税，好收的税归中央，不好收的税归地方，原则是地方多收多支，少收少支，不收别支。”言外之意地方要努力收地方税，中央不管。那卖地的钱该归谁？当时中央认为土地出让金是一笔小钱，那时还没有住房制度改革，1994年还没有商品房，于是就把土地出让金放给了地方，作为地方的财政收入。每卖一块地，地方政府都和中央政府分这笔钱。

但是20多年下来，由于我国房地产市场的快速发展，地价越来越贵，土地出让金越来越高，成了一笔大钱。原来占地方财政收入的10%，后来占到20%、30%，现在占到有些地方政府收入的50%。什么意思？就是维持地方财政的钱50%都是卖地收入，地方财政就变成了土地财政。如果没有地可卖了，怎么办？只能征收房地产税了。所以征收房地产税在中国是客观趋势。

我判断未来中国的地方财政，会从原来的土地出让金向征收房地产税转变。但中国不是特例，世界上大多数国家都在征收房地产税。

那国外是如何收房产税的？以一套200万元的房子为例，看看在不同国家，每年需要缴多少钱的税呢？

在美国，每个州的税率标准不一样，税率在1%~3%，中位数为1%。每年，房产持有人都要按照当年的房产估值缴纳。但是，不是按房子的买价来缴税，而是按照房子的估值来缴税。如果是一套200万元人民币的房产，在美国每年要缴2万元人民币税金。

在加拿大，房产税是 1% 左右，一年也要缴 2 万元人民币税金。

在日本，房产的持有税是 1.7%，每年要缴 3.4 万元人民币税金。

在英国，每年也要缴 1 万元人民币税金。

当然，也有的国家不缴房产税，比如泰国和希腊。

照这样算来，如果中国按照 1% 的税率缴税，北京一套房如果估值500万元，那1%税率就是5万元，这也不是一个小数目了。

在美国，房价估值越高的地方，房产税缴纳得越多。为什么？因为这个地方民生项目的品质好，居住地安全系数高。

像一些高档学校、知名医院一般都集中在高档小区周围。这样的地方人们都愿意住，人们都愿意向纳税多的小区靠拢。不是我们原先理解的那样，哪儿房产税高，就没有人愿意去住，恰恰相反，人们都喜欢住在安全系数高的地方。但是要满足这些条件，需要政府有钱才行，所以这些地方税金就高。

曾经有一个温州炒房团，想要进军美国的房地产市场，当他们得知美国持有房产要交房产税时，就打消了这个念头。因为不知道未来要交多少房产税，也就不敢买了。

中国人在国外买房子时，看到房价不贵很合适就买了，但买房后才知道要缴房地产税。如果房子不住，那持有一套房产可就不便宜了。我国目前还没有开征房地产税，房屋居住还没有成本，所以中国的住房空置率很高。

很多人都以为，政府开征房地产税是为了控制我国过高的房价，其实这是一种误解。

房价高了政府征收房地产税，如果房价跌了，就不收房地产税了吗？完全不是！征收房地产税是为了解决地方的财政收入问题，这跟房价高低没有关系。

所以，大家一定要正确看待中国房地产税的推出。

中国未来房地产税会有以下三点特征：

第一，按照房子的估值来征税。（对于所有工商业住房和个人住房，未来要建立一整套评估体系，包括有公信力的房产评估机构，不动产登记制度。）也就是说，不是靠买房的价格征税，而是靠房子的评估价来征税。

第二，征税是有税收抵扣的，它会保障百姓基本住房的需求。界定居民的基本住房标准，确定房地产税的免税条件。（其中会有税收优惠或抵扣的标准。）对一些困难家庭、低收入家庭、特殊困难群体会给予一定的税收减免。

第三，房地产税是地方自主征税。未来房地产税属地方税，收入归地方政府。地方政府用这些收入来满足教育、治安和其他公共支出。

中国征收的房地产税归地方政府，不交中央政府，这有可能导致各个城市的税率不一样。现在的矛盾是，收少了地方政府不愿意，收多了纳税人不愿意。

那征收房地产税会对哪些人产生影响？

我觉得，有三类人的利益会受损。

第一类受损的是城市的中产阶层。他们受损失相对较大。

因为他们财富的主要投资渠道就是房地产，他们买房，而且很多人都是贷款买房，特别是那些买了多套房的城市白领，找银行贷了很多款，超出了自己的承受能力。一旦房地产税开征，房子套现难了，他们的生活会变得比较艰难。

第二类受损失的是囤房的人。在城市里拥有多套住宅的人，他们的压力会很大。房地产税推出后，会出现集中卖房现象。这些大量囤积房子的人，财富将会缩水。

第三类受损失的是高负债率的炒房者。一旦房地产税出台，那些手中有多套房，还背着巨大债务的炒房者将很惨，他们想卖房套现就难了。

房地产税对普通人和年轻人影响比较大，收税后租金会上升。房地产税表面上是买房子的人承受，但实际上会转嫁到租房人的身上。说到底，收房地产税，最终还是由租户买单。

所以，收房地产税后富人不会是最惨的，买单的还是穷人，因为房租贵了。这些都是政府该考虑的问题，要怎样来减轻穷人租房的负担。

房地产税推出后，我国的房价会下跌吗？小产权房怎么办？我们该做好哪些准备来迎接中国房地产税的到来呢？

第13讲

房地产税推出后房价会下跌吗？

在清华大学的企业家培训班上，我多次问：如果我国推出房地产税，房价会下跌吗？我记得很清楚，有同学说："老师，不会跌的，因为某某专家说了不会跌。"班上其他同学都跟着点头表示赞同。

看到这一幕，我觉得挺可怕的，就说："你们也太天真了！这个世界最确定的事就是它的不确定性。哪有只涨不跌的市场？如果大家都这么想，那楼市就一定会跌，因为危险总是在不经意间突然出现。世界上哪场危机不是如此呢！"

这一讲我用回答问题的方式来讲述。

问题一：房地产税推出后，房价会下跌吗？会下跌！

就在几年前，上海传出房地产税开征的那一天，香港有一只房地产股票立刻跌了10.2%，改天说不征了，这只股票又涨了6%。所以，房地产税出台的消息传出的那一刻，中国的房价就会跌。

为什么会出现这种现象呢？当房地产税出台后，持有房产就有成本了。有人手中有几套房，还有人囤了很多套房，他们或者卖房，或者出租，总之不能把房压在自己手里。大家都这么想，房价扛不住，就会跌了。

然而经过一段时间的博弈，人们终于发现，原来羊毛可以出在羊身上，他们可以用提高租金的办法，把房地产税转嫁给租户，让租户来承担一部分成本，这时的恐慌感就会慢慢降下来。

一段时间后，房价会回到均衡价格上来，就是房子的供给和需求平衡的价格。

所以说，房地产税可以影响短期的房价，但决定不了房价的长期走势，因为房价最终还是由供求决定。

假如你手里有多套房子，没有提前卖掉，不幸被砸中，你别恐慌，只要你能扛过一段时间，就会挺过去。然而很少有人能扛过去，到时候一定会出现羊群效应，说房价涨都去追，说房价跌都去抛，谁都拦不住。

其实，政府推出房地产税不是为了调控房价，但短期内它必然会影响到房价。

问题二：房地产税何时开征？

我判断，至少需要两年左右的时间。为什么需要这么长的时间呢？有以下几点原因：

第一，各方利益之间博弈，推出时间就会长。

首先地方政府和中央政府在博弈。地方政府想多收点儿税，中央政府不希望收太多，它想的是全国利益，而地方政府只想自己的利益，是短期行为。

中央担心地方政府不理性，房地产税让地方政府收走了，出了问题却要由中央政府买单，中央不愿冒这个险。所以，中央必须慎重，不敢轻易放权，它要反复权衡利弊后才会推出房地产税。

其次是地方政府和纳税人之间的博弈。地方政府想多收税，纳税人想少缴税，这又是一个博弈过程。不同地区的收税标准不同，有可能越穷的地区收税标准越高，越富的地区收税标准越低，这就会加重地区之间的不平衡。

第二，设计的征税方案，要立法通过后才能实施，这需要时间。

预计到 2020 年，房地产税的立法会初见成效。因此两年内中国不大可能开征房地产税。这就给了大家足够的时间思考和做出决定。你是该买房，该卖房，还是该租房子呢？

问题三：房地产税为什么推得这么慢？因为征收有难度。

想想看，收房地产税是一件多么复杂的事情。不同城市收税标准不同，就是同一个城市不同地区的收税标准也不同。

比如，不同年代盖的房子，房子的评估价格不同，谁来确定？谁去上门测量？这需要多少人工？培训多少测量员？怎么表现出公平？房产拥有数额认定就有一定的难度，甚至会出现一些人为逃避缴税而假离婚、假分家等。这样的漏洞又怎样堵上？

有人做过统计，光北京的房子就有 24 种，如房改房、福利房、集资房等。针对哪些房子征税呢？如果只针对商品房，那就不合理了。因为商品房都是交了土地出让金的，那些没交土地出让金的房子不征税，这合理吗？

问题四：征收房地产税的原则是什么？

经济学家亚当·斯密在《国富论》中提出了四条征税的原则：第一是平等原则，人与人之间平等；第二是确实原则，让人知道该缴多少税，政府不要朝令夕改；第三是便利原则，就近征收；第四是最少征收费用原则，千万不要成本大于收入。

我们来讨论一下最少征收费用原则。如果一个城市收到 100 亿元房地产税，结果为收税花去 120 亿元，最后还赔了 20 亿元，得不偿失，那还收税干吗？

举个例子，1998 年，北京人的交通工具都是自行车。北京市政府就想，北京有这么多人骑自行车，每年自行车道路的维修费得多少钱？由谁来承担呢？

可以想一下，北京有超过 1 000 万辆自行车，如果每辆车都收 4.5 元，就是一笔不小的钱，会有 4 500 万元进入政府的腰包。这个想法挺好，可实行起来就难了。每个人都需要花 4.5 元，在规定地点买一块小金属牌，挂在车的前面，便于检查。北京人多数人都照办了。我也买了一块小牌挂上，后来我发现这个收费措施一定会失败，为什么呢？

你想一下，到底怎么能查出没有交钱的自行车呢？让大街上站着的警察，专门检查谁的自行车没上牌，抓住罚款，这得多少警察？而且早晨起来，上班骑自行车的人黑压压一片，骑在路上，根本没办法查谁有牌谁没有牌。还有人很聪明，自己做了一块小铁片放上，以假乱真，警察还需要火眼金睛才能分辨出真假。收上来的钱不多，但支付的成本却很高，最后北京市政府只能取消这项自行车收费政策。

这个例子说明，征税应该采取最少征收费用原则。如果一项税收，它的征收成本太高，得不偿失，就不如不征。房地产税征收同样如此。

问题五：我国的小产权房怎么办？

什么叫小产权房？它是指在农村集体土地上建设的房屋，没有办理相关证件，没有缴纳土地出让金等费用，它的产权证不是国家颁发的，而是乡政府或村政府颁发的。因为不是国家确权发证，所以它不受法律保护。中国现在的小产权房很多，光北京就有大约 30 万套，没缴土地出让金，那小产权房要不要征税呢？

我的观点是，对于小产权房，政府不应该推倒不算，否则就是国家经济资源的巨大浪费。只要补上土地出让金后，小产权房就可以变成大产权房。所以在征收房地产税时，不能忽略小产权房。

问题六：未来中国还能靠炒房赚钱吗？

我的观点是，若推出房地产税，靠房子赚钱的时代将渐行渐远！

当人们不再把炒房作为赚钱手段时，那干什么能赚钱呢？

我总结中国人致富走过的四个阶段：

第一阶段是 20 世纪 70 年代：靠手工劳动挣钱，谁家富裕就看父母是否勤劳。

第二阶段是 20 世纪 80 年代：靠读书挣钱，上大学可以改变命运，拿铁饭碗。

第三阶段是 20 世纪 90 年代：靠下海经商赚钱，赚第一桶金。

第四阶段是 21 世纪初：靠房产升值赚钱，中国房地产走过 20 年黄金时期。

那未来靠什么赚钱？我判断，靠大脑赚钱的时代又一次来临了。

到 21 世纪 20 年代，我们要靠创新赚钱，当人工智能时代来临，你做好准备了吗？

第 14 讲

房地产泡沫的破灭

这一讲我想和大家谈谈房地产泡沫问题。我们该注意哪些问题呢?

1997 年 9 月，香港刚回归中国。我们清华大学一行 8 人到香港做调研，看到了香港经济的空心化问题，就提出香港未来要发展高科技产业。我们拜访了香港的高校、特区政府和很多大企业，当时很多人都不以为然，他们认为，香港人不需要干别的，炒炒楼、炒炒股就可以过得很好，香港不需要发展高科技产业。

话说得也有些道理。当香港楼市火的时候，如果谁提前排队拿到一张售楼票，一转手就能赚 100 万港币。我举两个例子来看看香港人是怎么炒楼的。

在香港有一个很知名的连锁快餐店叫大快活，它拥有多家分店，生意特别火，我到香港时，去这家店吃过饭。

这家店的老板想，自己经营快餐这么辛苦，香港房地产这么火，我为何不去赚一笔呢?于是他开始买楼，一口气买下 10 套房，半年内卖出 8 套，赚了上千万港币。尝到甜头后，他在香港房价炒到高点时，买下了一个山庄的 70 套房。可就在他买楼后不久，香港的房地产泡沫破了，房价大跳水，从每套 1 200 万港币，一下跌到每套 400 万港币。他遭遇了灭顶之灾，损失极其惨重，财富缩水了 3/4 还多。

最后老板想明白了，靠买房赚钱对他来说实在是不快活，于是他卖掉房产，重新回来经营自己的大快活快餐店。

1997 年 9 月我在香港时，看到报纸上登着这样的标题：《中产阶层真悲惨，买房置业变成负资产》。

什么是负资产？比如一套房总价 1 200 万港币，我交了 500 万港币的首付，又找银行借了 700 万港币。当房地产泡沫破灭后，这套房跌到 400 万港币，我从银行借了 700 万港币，银行把房子拍卖时才卖出 400 万港币，我还欠银行 300 万港币。这 300 万港币就是我的负资产。为什么银行收走了我的房？因为我没钱还银行的贷款了。

马克思曾经说无产阶级最悲惨，我想说，其实负资产的人更悲惨，因为他的资产是负的。香港 20 万中产阶层就面临着这样的痛苦。也许这个数字有些夸张，但是负资产现象是真实存在的。

香港人呼吁政府救助他们这些负资产人。

特区政府商量后决定不救，理由是：买房和炒股是一样的，都是投资行为。如果买房赔了，政府去救；那炒股赔了，政府救还是不救呢？当然不救！结果特区政府真的没去救。香港有些负资产人，银行最终宣告他们破产。

欠300万港币还不上银行，所以个人信用破产了。

如果房价下跌严重，泡沫破了，买房人还不上银行贷款，就会变成负资产。所以，当香港房地产泡沫破灭后，损失惨重的是买房置业的中产阶层，因为他们都是贷款买的房。这里要告诫内地买房投资者，买房要考虑还款能力。

说到这里我想起一个韩国的例子。

1997年亚洲发生了金融风暴，亚洲四小龙和四小虎都倒下了。2008年，在清华大学新开的工商管理硕士班上，来了一位韩国学生。我问这个学生："1997年你们国家遭受金融风暴时，你感受最深的是什么？"他说："让我感受最惨痛的是我不该贷款买房。"

我问为什么？他说："因为当时韩国的贷款利率是3%，我就买了房。等1997年金融危机爆发，韩元贬值，通货膨胀起来了，贷款利率升到13%。贷款买房的人根本还不上贷款，很多人失了业，更还不上银行贷款了。我身边很多人把房产交给了银行。我的房为什么没交给银行呢？是因为我爸爸在国外工作，他每个月给我寄回1 000美元，我才能还上银行贷款，否则我的房子早就交给银行了。"我又问："你买的房子现在如何？房价跌了吗？"他说没有。这10年来，韩国的房地产几乎没有跌过，到现在还是一路上涨。

这是一个非常典型的例子。大家都在说房价上涨，但你自己却很可能"赔"了。你可能因为失业没有足够的收入还不上银行的本金，也可能因为利率提高了无法支付银行的利息，这是两件事。

房价涨时你想买房，这时一定要问自己：我有承受能力吗？找银行贷款，贷多少合适？能不能还上？当经济遇到挫折时，很多人可能会失业，当利率上升时，还有还款能力吗？买房后，能不能扛过哪怕一两年的经济寒潮呢？这是你买房时一定要考虑的。

那么，作为一国政府怎样防范房地产泡沫破灭呢？

我国政府的做法是，提高第二套房的首付比例，从原来的30%提高到60%，北京已经提高到80%，银行只贷款20%。这就是说，没有经济能力的人就别买第二套房。政府这样做的目的，就是避免房地产泡沫破灭。

既然你已经有一套房住，再买房就属于投资行为，政府提高了购房门槛。因为这个领域已经过热，政府不鼓励热上加热，否则房地产泡沫破灭，大家都会成为受害者。

2007年，美国爆发了次贷危机，就是零首付导致的。因为买房不需要交首付，只要房价跌一点就会出事。买房人还不上银行的钱只能把房子交给银行。2007年美国房价跌了30%，全世界的金融业都跟着受牵连。

美国政府不得不出来收拾烂摊子，花上千亿美元来救市，就是怕房地产市场出现雪崩，结果呢，还是爆发了2008年席卷全球的金融危机。

中国政府担心的就是这件事。不管国人对楼市宏观调控有多么不愿意，政府都实施了严厉的措施来调控楼市，不让银行发放过多的贷款，因为这件事关乎全局。如果房地产泡沫破了，即使老百姓买单，最后也要政府出来收拾烂摊子。

让我们看看 20 世纪 90 年代日本房地产泡沫的破灭给了我们什么启示。

20 世纪 80 年代日美爆发了贸易战，1985 年两国签署了《广场协议》，日本经济增速开始放缓。由于日元升值，大量的国外资本流入日本，但投资日本的实业不赚钱，于是这些资金就冲进房地产领域，日本的国民也开始炒房，把日本房价和地价炒到高不可攀。到了 1991 年，日本楼市泡沫最后破了，日本经济陷入低谷，错过了 20 年的经济发展时机。

中国现在和 1985 年的日本有很多相似之处：中美贸易摩擦，国内房价一直处在高位，所以我们应该警惕，千万别让房地产泡沫破了。

我国买房首付的比例是 30%，这就给房价下降预留了 30% 的空间。就是说，如果我国房价下跌在 30% 之内，房价还是有支撑的，亏掉的是每个人的首付，银行的贷款没受损失。

那么，作为投资者，买房该注意哪些风险呢?

第一，如果你是第一次买房，何时买都是对的，因为这是刚需。

第二，如果你是想买房投资，就要考虑风险因素了，要看自己的经济能力和还款能力。

第三，在买房和租房时，你要比较的是机会成本。钱多的人可以买房，钱少的人可以租房。

第四，在买房和卖房投资中，如果房子有升值空间，你可以买，如果房子没有升值空间，你就可以卖了。

第五，我判断一线城市未来的商业地产和写字楼还有升值空间。

股市

决定股票价格的因素是股息和利率。判断股市总体走势要看股价指数。炒股要有投资理念，别去投机。在股市中怎样避免风险？如果你被套牢该怎么办？要警惕股市泡沫破灭的风险。判断我国股市有没有行情，要看我国经济增长的情况，看大资金是否启动，看投资者心态的好坏。

第15讲

炒股要懂经济学

从2015年6月15日起，我国股市发生股灾以来，很多人都被套在股市里，他们多么希望中国股市能从谷底爬出来，自己能解套儿。大家又是多么盼望中国股市能有一波像样的行情！

本以为到了2018年，中国的股市行情能有所好转，没想到中美发生了贸易摩擦。此后，中国的股市，股指一个劲儿往下跌，让大家看不到希望。中国的股市一片惨绿，一片悲哀！这让待在股市里的人感到绝望。

那中国股市到底还有希望吗？股民的钱何时能解套儿呢？

我想给大家说说股市里的那些事儿。

应该说，自从中国有股市以来，中国的股市总是忽高忽低，忽冷忽热，牛短熊长，从来就没有平静过。中国股市火的时候，股民兴高采烈，赚得盆满钵满；股市跌的时候，赔得一塌糊涂，小股民更是倾家荡产。由于股市的赚钱效应，老百姓都想尽办法炒股。可当时国家很担心小股民受到伤害，就极力劝阻股民炒股！但哪里劝得住呢？大家就是不听，还反问：这么好的赚钱机会，为什么不让我们赚呢？于是不听劝阻，一定要炒股。

我给大家讲一个老农民卖牛炒股的故事。

20 世纪 90 年代在中国发生了这样一个故事：有个农民老大爷在家里养牛，他要花好几年时间才能把牛养大，靠卖牛挣钱很辛苦。他觉得这种挣钱方式太慢了，于是就在中国股市火的时候，干脆把家里的牛卖了，进城来买股票。令他没想到的是，几天后他发现自己赔了，就到证券公司去退股。

他说："姑娘，我不买了，帮我把股票退了吧，我要退钱。"证券公司的姑娘说："大爷，股票不能退。"

他问道："为什么不能退呢？你们证券公司是国家开的吗？要是国家开的，为什么我在银行存钱，不存了就可以取出来，买了你们的股票就不能退了呢？"

姑娘说："大爷，不能退。你买的股票得自己卖出去。"大爷说："股票跌了，我卖不上原来的价钱了，你们一定要退钱给我。"

大爷不明白，他买股票和在银行存款不是一回事。

如果你用 10 万元买股票，或者你把 10 万元存在银行，这两件事的结果一样吗？当然不一样。如果你把钱存到银行，银行赔了，银行一定会把钱还给你。但如果你买股票赔了，有没有人管你？为什么没人管？因为这是两种不同的融资模式。

我想讲一讲间接融资和直接融资这两个概念。

首先，什么叫间接融资？你把钱存银行这叫间接融资，银行就是信用的中介，有人存钱，有人贷款，银行只是存贷双方的一个中介。它吸收存款时利率低，发放贷款时利率高，银行只赚存贷款之间的差价。如果银行贷款失败了，即使它赔了钱，也一定会把钱还给你。这就叫间接融资。

那什么叫直接融资呢？你买股票就叫直接融资，赔了钱没有人管。为什么没人管呢？因为你买的是上市公司的股票。如果你买的股票跌了，证券公司不会赔钱给你。你要求证券公司赔钱给你，那你买股票赚钱时跟证券公司分过吗？没有！所以说，无论你买股票是赔钱还是赚钱，都跟证券公司没有关系。它赚的只是你买卖股票时的手续费。

那买股票跟谁有关呢？只跟你所买股票的这家公司有关系。你买了哪家公司的股票，你就是哪家公司的投资者。上市公司赚钱你就跟着赚，上市公司赔钱你就跟着赔，上市公司退市你就跟着退。这叫资风险共担。所以，买股票就叫直接融资。

有人会问，一个国家为什么要有股市这条融资渠道呢？

问得好！你想想看，一个人要办企业他需要钱，可他从哪儿能找到钱呢？你可能会说，去银行借呗。大家都知道，银行的钱是储户的钱，银行把钱贷出去，赔了，钱收不回来，而你存在银行的钱，银行必须还你，那银行怎么办呢？这就导致银行只能做保险的事儿，冒险的事儿它不敢做。

而投资办企业本身就是一件有风险的事儿。本来计划得挺好，一个企业的项目好，也符合市场需求，生产出来的产品肯定能赚钱，一切一切都想好了。但天有不测风云，一旦出了问题，货卖不出去，企业不赚钱，它借银行的钱就还不上了，这就变成了银行的呆坏账。

什么叫呆坏账？呆账是指银行贷出的钱到期了还不上；坏账是指银行贷款的钱彻底回不来了。两个合起来，就叫银行的呆坏账。

所以，任何一家银行在发放贷款时，都会非常谨慎小心，稍有不慎就有可能失败。因此从银行贷款办企业，是一件非常困难的事儿。既然这条间接融资渠道走不通，有些企业想快一点发展，就必须找到另外一条融资渠道，这样股票和资本市场就应运而生了。

举个例子，大家看看我做企业是怎么融资的。

例如，我想办一个公司，但手里没有钱，公司的项目特别好，生产一些文化产品，公司的规模也不大，需要的资金也不多，只要 50 万元就够了，将来一定能赚钱。但我从哪儿可以找到钱呢？

首先，我可以找大家借钱。靠着友情，我先找熟人借。比如我借 50 万元，答应 3 年内还清，每年支付 10% 的利息。我就找了 50 个人，一人只借 1 万元，合起来就是 50 万元，因为大家信任我，都愿意借钱给我。但我考虑了半天，决定不找大家借钱了。为什么？因为我找大家借钱的成本太高了，还得把我的个人信誉抵押上。如果公司赔了，还不上大家的钱不说，我的个人信誉就完了。

既然不找大家借钱，那我找谁借钱划算呢？于是我想到找银行借。

既然找银行借，我就多借点，先借 500 万元吧。银行在评估了我的信用后，看了我的项目评估报告，了解了我的信誉和实力后，愿意贷给我 500 万元，当然要有抵押。

我从银行借钱的融资成本比找个人借钱要低，找个人借钱我需要支付 10% 的利息，而找银行借钱只支付 6% 的利息，可以省下 4%。银行的利息低，只要我在贷款到期时能还本付息给银行就行了。但我想了想，最终还是没要银行这笔钱，为什么呢？因为找银行贷款不是最经济的，对我来说也不是负担最轻的方式。

你想想看，不管我的企业经营如何，是盈利还是亏损，银行都坐享其成，风险全由我一个人承担，那我的负担岂不是太重了。

于是，我继续寻找更合适的借钱途径。找着找着，我就找到了股市。我一看，这个融资渠道不错！我就准备到股市去融资。既然上市，我就多发一点股票，多筹措一些资金。我计划发行 5 000 万元的股票，股票的票面价值是每股 1 元钱。

当然，我首先得有一个企业，达到一定规模。我做好公司上市的申请报告，找到券商帮我到中国证券监督管理委员会去申请，争取一个上市公司的资格，这样我就可以去股市融资了。一旦我的股票发行成功，就可以融到 5 000 万元的资金。

大家看，相比前两种找钱的方式，我在股市的融资成本是最低的。因为除了上市费用和以后给股东的分红，我不需要归还本金了。这是最核心的问题。我心里的压力轻多了。我找银行借钱，这叫间接融资；我到证券市场去发行股票，这叫直接融资。

这是两种完全不同的融资模式，一种模式以银行为中介，是间接融资，如果我的经营出现问题，储户的钱银行会替我还上。但到了股市就不一样了，它是直接融资，一旦我的企业经营出现问题，投资者就要跟我的公司共同承担风险。如果我赚了钱，可以给股民分红；如果我不赚钱，公司不分红，股民就没钱可赚；如果我赔了，股民跟着赔；如果我退市，股民跟着退，破产后再看看投资者能分到多少钱。

当然，以上的故事纯属虚构，我并没有开公司也没有办企业。然而，现实中这样的故事却每天都在上演。

那股市究竟是什么呢？股市就是一种直接融资的渠道。它对发行股票的人来说风险小，但对买股票的人来说风险大。那股民为什么还愿意买股票呢？

因为股民买股票，比他把钱存银行获得的回报高。例如，银行存款利率是3%，有可能你买股票的分红能到5%，甚至更高，这就要看上市公司的业绩如何了。

现在世界上很多国家都有股票市场，也叫资本市场，正是因为有了资本市场，一国经济才能迅速发展，一个企业才能做强做大。股市的发展已有400多年的历史，而中国股市的历史还不到30年。虽然现在中国股市有各种各样的问题，但都不会影响中国资本市场的发展壮大。

我判断，中国的股市未来一定会有很大的发展空间。

那股票究竟是谁发明的？西方国家的股市又是怎样一路走来的？

第 16 讲

股票的诞生

人类历史上第一张股票是荷兰东印度公司发明的。

荷兰是欧洲的一个小国，它怎么就成了海上霸主了呢？故事要从哥伦布发现新大陆开始。大家一定都听说过哥伦布这个人吧，那他和股票发行有什么关系？

我们先来说说，他是怎样发现新大陆的。

1451 年，哥伦布出生在意大利的热那亚。他家里有 5 个孩子，他是家中的老大。14 岁他就做了水手，每次出海工作之余，他总是坐在海边的岩石上，想着他看过的一本书，叫《马可·波罗游记》。书中描述的那个中国，既古老又神秘。中国究竟在哪里呢？他每天都想，每天都念，怎么都放不下。

那马可·波罗又是何许人也呢？

1271 年，距离今天已有 700 多年的历史了，马可·波罗 17 岁时跟着父亲和叔叔，从意大利的威尼斯出发，开始了那场神秘而遥远的东方之旅。大家想想看，从意大利到中国这么远，他们是怎么走来的呢？

他们一直沿着丝绸之路的南线向东行，历尽千辛万苦，终于到达了中国。马可·波罗与元朝皇帝忽必烈结下了深厚的友谊。忽必烈经常把一些有趣的使命交给他，这样他就获得了更多的机会来观察和了解这个古老而神秘的国家。

他在中国待了25年后，回到了意大利。他参加了一次海战，可威尼斯人战败了，马可·波罗成了一名囚犯，被关进监狱。正巧，在狱中他结识了一位作家叫鲁斯梯谦。鲁斯梯谦说："马可先生，你把在中国看到的故事说出来，我给你做记录，你的这些故事传出去，一定会震惊世界的。"于是，马可·波罗开始和作家叙述自己在中国的所见所闻。鲁斯梯谦就把这些故事记录下来。

令他俩没有想到的是，几个月的牢狱生活，竟然带来了一部不朽的名著。这本书名叫《寰宇记》，后人把它称为《马可·波罗游记》。这本书出版后，立刻被译成各种语言版本。但是，马可·波罗到底有没有来过中国，却引发了很大的争议。这事我们暂且不论。

马可·波罗来到中国时，正值元朝，那时的中国处于忽必烈皇帝的统治之下。马可·波罗曾在元大都也就是现在的北京居住过，元大都面积之大，居民之多，远远超出了他的想象。有几件事让他印象极为深刻：一是纸币，二是交通，三是煤炭。

他说，中国人不用金币和银币来交换货物，他们用纸币作为交换的媒介。在元大都有一个皇家造币厂，人们从桑树上剥下皮，在水里荡来荡去，做成了纸，这种纸的质地就像用棉花制成的纸一样。人们把这种纸切成一块块大小不一的纸，近似正方形，再把加工出来的纸盖上皇帝的御印，就可以作为货币来使用了。这让他感到惊奇，因为欧洲人在使用金币或银币的时候，中国人已经开始使用纸币了。

他还说，中国的交通和驿站十分发达。元大都有通往各省四通八达的道路，每隔 40 公里或 50 公里，就有一个驿站。每个驿站都备有 400 匹良马，供来往的信使使用。这种交通手段，可以把 10 天左右的路程缩短为 1 天，速度快得不可思议。他看到中国人做饭烧火使用的不是木炭，而是煤炭。当时的欧洲使用的都是木炭。他说："在中国，到处都能发现一种黑色的石块，一经点燃，效力别提多大了，它的火焰比木炭还旺。这火从夜晚燃烧到天明都不会熄灭，可真神！"

马可·波罗在书中描述的他在中国看到的这一切，令欧洲人十分羡慕。

《马可·波罗游记》出版后传遍了欧洲。100 多年后，哥伦布读到了这本游记，他非常想去那个遥远的东方，去中国，去那个遍地都是黄金、人们穿着绫罗绸缎的国度。开始时这仅是他的一个幻想，后来发生了一件事情，让他彻底想通了。

25 岁那年，哥伦布在葡萄牙出海时遇到了海盗，双方发生了一场血腥的战斗。数百名海员葬身大海，只有他抱着一根木头幸存下来，游了 6 英里才上岸。这次大难不死，使哥伦布产生了一个大胆的想法，他认为向西航行就一定能找到中国。于是，他做出了一个大胆而冒险的计划，游说国王，资助他出海寻找黄金。

他先是向葡萄牙国王表达了自己的想法，请求国王给他船只和装备，但被国王拒绝了。后来他又向西班牙国王提出请求，但西班牙国王对他的探险计划也不感兴趣。他花了 7 年时间，想尽一切办法，请求西班牙国王支持他的探险计划。

到了 1492 年年初，西班牙国王发现，怎么葡萄牙比我们西班牙富有呢？哦，原来葡萄牙一直在做海上探险。如果我们也能进行海上探险，发现新大陆，就既能获得金银财宝，又能缓解西班牙的财政困难。于是，西班牙国王终于同意了哥伦布的探险计划。国王给了他 3 艘大船，哥伦布自己带了一艘补给船，船上装着够他们吃一年的食品，因为不知何时能回来。于是他带着 120 人，组成船队，拿着指南针就出发了。

他们于 1492 年的 8 月 3 日这天启航，船队从西班牙的一个港口出发，向大西洋挺进。这可是一次伟大的冒险，这些人毫无经验可谈，凭的就是胆量。

哥伦布告诉船员们，他们很快就会到达日本和中国，之后就可以回家了。然而大船在海上航行，过了一天又一天，过了一个星期又一个星期，在茫茫的大海上航行了两个多月，都没有见到陆地的踪影，船上的食物都馊了，船员们都绝望了。他们担心这样下去，没了食物，找不到陆地，他们会葬身大海。船员们哀求道："船长大人，咱们赶快回去吧，我们再也待不下去了，请您赶快掉转船头，我们要回家！我们要回家！"

哥伦布哪儿能答应他们的请求，他是绝对不会放弃这次航行的。他向船员保证说："快了，我们很快就能找到陆地了！只要我们找到陆地，一上岸，我会把所有的财富和土地都分给你们，坚持下去吧！我们很快就要到了。"

船员们说："不行，我们坚决要返航！"哥伦布说："请你们再给我两天时间，如果不能找到陆地，我们即刻返航。"没想到历史造就了哥伦布，就在大家痛苦万分再也不能忍耐之时，在 10 月 11 日那天，也就是争吵发生的第二天，他们突然闻到海上有一种特殊的味道，接着又发现了灌木丛。西班牙国王曾经许诺过，给第一个看见大陆的人一桶黄金作为奖金。

10 月 12 日凌晨 2 点，一个水手突然发现远处有一堆像白色岩石的东西，他大喊："陆地，陆地！"所有人都惊呆了！大家都在甲板上跪了下来，他们太激动了，在海上航行了 70 天后，他们终于找到了陆地。激动的人们流下了热泪，他们燃放鞭炮以示庆祝。

1492 年 10 月 12 日，天一亮，哥伦布就带着船员们大步迈向了陆地，这是美洲巴拿马的一个岛屿。哥伦布上岸后，立刻在这里插上西班牙的国旗，宣布这里为西班牙的领土。他以为出来迎接他们的人，一定是穿着绫罗绸缎、身上挂满黄金的中国人，没想到出来迎接他们的是脸上涂着各种颜色、身上披着树皮的美洲原住民。

哥伦布手里拿着指南针，但他不知道地球是圆的，他们到达的不是中国，而是美洲新大陆。他以为到达了印度，再接着走就会找到中国。所以他给这里的美洲原住民起名为"印第安人”。岛上的人也惊呆了，他们从来没见过这么大的船队。美洲原住民也不明白，白人来这儿干什么？

哥伦布的一次远航改变了世界，原来，人们以为绕地球一周只有 2 万公里，可现在却发现多出一倍，有 4 万多公里。可惜哥伦布至死都以为自己到达的是印度。他留下一部分人，带着另外一部分人开着船马上返回西班牙。回国后的哥伦布成了大英雄，受到西班牙举国上下的极大欢迎。

当哥伦布发现美洲这个消息传出后，立刻震惊了世界。以西班牙为首的欧洲各国都开始掠夺殖民地。西班牙的船所到之处，遍插西班牙的国旗，把那儿变成西班牙的殖民地。而葡萄牙在海上征战多年，突然多出一个西班牙来，葡萄牙人不接受，两国打了起来，最后闹到了罗马教皇那里，两国请求教皇来仲裁。

一年后，也就是 1493 年，罗马教皇拍板了：“都别争了，别吵了！我决定，以亚速尔群岛以西 370 海里处为界限，西边就归西班牙，东边就归葡萄牙。”

当时罗马教皇的权力有多大！他像切西瓜一样，把地球切开了，自北极到南极一分为二，这就是教皇子午线的由来。这也是为什么西半球说西班牙语的人多，而东半球说葡萄牙语的人多。

这时荷兰人不干了，他们说，我们荷兰也是沿海国家，为什么不让我们出海找殖民地呢？大家都说，教皇说了不让你们出去。荷兰人说，我们偏不听，我们一定要出海去寻找香料。

那么，荷兰人是怎么出海的？他们找到香料了吗？

东印度公司是怎样发行股票的？

荷兰又是怎样称霸世界的呢？

第 17 讲

荷兰东印度公司的股票

提起荷兰，你一定会想到大风车、老黄牛和郁金香等，还有数不清的河道。但你是否想过，荷兰这个欧洲小国，在人类历史上竟然强大了 150 年。

那荷兰的强大靠的是什么呢？它靠的是海上贸易垄断，靠的是东印度公司的强大。东印度公司之所以称雄世界，是因为它是人类历史上第一个真正意义上的股份制公司。

荷兰东印度公司做的是海上香料的贸易。那荷兰人为什么要出海寻找香料呢？这得让我们从欧洲人的食物讲起。

大家知道，欧洲的气候温度不高，阳光照射时间很短，那里不生长香料。有人会问，什么是香料？香料就是胡椒、花椒、八角、肉桂等等，就是我们中国人做菜使用的调料。因为没有香料，欧洲人做饭只有咸淡两种味道，所以欧洲饭菜和中国饭菜的味道相比，差的不是一星半点儿。

马可·波罗在他的游记中曾经这样描述，说中国有一种食物特别好吃，擀个皮，放点馅儿，捏好后，上锅一蒸，就是包子。欧洲人也擀个皮，放点馅儿，但不知道怎么捏上，只好推进烤炉，出来就是比萨。

马可·波罗还说，中国还有一种好吃的，就是把面条放锅里煮，捞出来放上炸酱，就是捞面。欧洲人也做了面条，放到锅里煮，捞出来放上番茄酱，就是意大利面。可是意大利面永远都是硬的，煮不软，因为他们没有学会怎样做中国面条。

欧洲的饭菜没有味道，是因为那里不产香料。荷兰人非常想获得香料，可香料生长在东印度群岛，他们怎样才能到东印度群岛取香料呢？

一天，荷兰人获得了一本书，书名叫《航海日记》，作者是个荷兰人，他在东印度群岛为葡萄牙公司打工。他记录了自己来东印度群岛的过程，详细讲述了如何坐船出海，要经过哪里，怎样走，绕过多少个海湾才能到达东印度群岛。这本《航海日记》让荷兰的商人们如获至宝，让他们了解了从欧洲到东印度群岛的路线。

于是荷兰人想造船出海寻找香料。大家想一下，一条船要在海上航行数万公里，经常会有台风或海难发生，这得冒多大风险！谁能有这么多的钱造船？谁又敢冒这么大的风险呢？于是股份制公司和股票就出现了。

荷兰人天生就有经商的头脑，他们开始添钱凑份子造大船，出海去东印度群岛取香料。他们是这样想的：如果我们的船出海，取回香料赚了钱大家就一起分，如果船在海上出事了，赔了钱大家就一起认。从欧洲出发的航船必须绕过南非的好望角，而好望角的风暴一年 365 天有 186 天是 8 级以上的大台风，很多船只都无法通过，常常会葬身海底。

人们原来给这里起名叫风暴角，上报到西班牙国王那里，国王说这个名字不好，听到这名字谁还敢去？于是国王将其改为好望角，这个名字多好听。殊不知，好望角的风浪真是无比的大。

2009 年我到南非的开普敦时，就想绕着好望角走一圈。我问，谁愿意带我到好望角走一圈，没人回应我，我又问了一遍，还是没有人愿意带我去。他们说，你不要命了，那里风浪那么大，有太多的船都在好望角失事了，谁敢带你去！

没想到当年荷兰的商船从那里经过时，竟然风平浪静，商船安全地过去了。荷兰商人成功地从东印度群岛取回了香料，他们把香料分给大家。每个人都拿去卖了个好价钱，皆大欢喜。第二次荷兰人又开始造船出海，取回香料又分了。第三次还是这样做。

后来，荷兰东印度公司的一个年轻小伙子就在想，为什么每次回来都要分光吃净，把船拆了，来年再造船再出海再取香料呢？我们能不能这样做，大家再添的份钱，作为股本留下来，把船也留下来，出海回来只分利润的那部分。就是这个年轻人的天才想法，造就了人类历史上第一个真正意义上的股份公司。于是大家的份钱作为股本留下来，出海回来只分利润那部分。

投资者的钱作为公司的资产留下，这钱不能退，否则公司就不存在了。

从此荷兰东印度公司发展壮大了，垄断了 3/4 的海上贸易，成为海上马车夫。股份制公司的出现让荷兰变得强大起来。

我来给大家讲讲，荷兰东印度公司的故事。

为什么叫东印度公司呢？因为哥伦布在发现新大陆时，错把美洲当成了亚洲的印度，他给那里的原住民起名为印第安人。后来人们将错就错，教皇划出了子午线，把美洲这边叫西印度，把亚洲那边叫东印度。东印度公司的名字就是这样来的。

东印度公司成立于 1602 年，距离现在 400 多年。当时的荷兰政府给了这家公司为期 21 年的垄断权，也就是说，荷兰的海上贸易归它了，没有第二家公司能与它竞争。

东印度公司是世界上第一家跨国公司，也是第一个发行股票的公司，荷兰政府都持有它的股份。在近 200 年的时间里，东印度公司在世界贸易中的地位举足轻重。它每年给荷兰政府 18% 的分红，也就是说，它把赚到的 18% 都交给了政府。

让我们看看它的权力究竟有多大。

东印度公司是第一个可以自己组织雇佣兵、自己发行货币的公司，它拥有与其他国家订立正式条约的权力，它还拥有对其他国家实行殖民统治的权力。

到了 1669 年，荷兰东印度公司成为世界上最富有的私人公司，它拥有的商船超过 150 艘，战舰 40 艘，员工 5 万名，还拥有一支有 1 万名雇佣兵的军队。荷兰东印度公司发行 650 万荷兰盾的股票供人们认购，当时，10 荷兰盾大约等于 1 英镑，而 17 世纪 60 年代，荷兰一名教师的年薪才约 280 荷兰盾。但是荷兰人纷纷认购了东印度公司的股票，因为东印度公司每年的股息高达 40%，相当于谁投资了东印度公司，谁的回报率就是每年 40%。

东印度公司在它巅峰时期的市值是 7 900 万荷兰盾，折合今天的美元，约 7.9 万亿美元。

2018 年苹果公司的市值约 8 000 亿美元，但苹果公司的市值还不及荷兰东印度公司的 1/10，仅是它的一个零头而已。东印度公司的巅峰市值至今无人超越，其相当于今天两个日本的经济规模，或四个俄罗斯的经济规模。它才真是富可敌国。

当荷兰强大以后，它学习意大利的威尼斯，重修了阿姆斯特丹，使阿姆斯特丹成为欧洲北方的威尼斯。大家知道，荷兰靠近北海，地势低洼，欧洲的很多条河流都是通过荷兰流进大海的，它是一个沼泽之国，很多土地都在海平面 6 米以下。在荷兰，就仿佛置身海平面之下。当你抬头仰望天空时，真有一种海天一色的感觉。

阿姆斯特丹原来是一个小渔村，港口的出现使它快速发展起来。东印度公司从世界各地赚的钱都流向这里，阿姆斯特丹迅速暴富。荷兰人把阿姆斯特丹的土地推平，人工开凿了 160 多条运河，运河上建有上千座古老的石拱桥。荷兰人要学意大利，那里不是有一个威尼斯嘛，荷兰人要建一个海上威尼斯，足见当年荷兰经济的强盛。如果你到了阿姆斯特丹，一定要租一条船，坐在船上，在运河上观光，你会欣赏到运河两岸富有荷兰特色的建筑，它们会给你带来不一样的感受，你一定会发现荷兰在 17 世纪的辉煌。

东印度公司给我们的启示是，股份公司最重要的是把股本留下，这是公司的资产，人们不能分，投资者只分利润的部分。这就是为什么买了股票不能退，如果退了，公司就不存在了。荷兰东印度公司开创了股票历史的先河。

正是股票的力量让荷兰首先强大起来，成了海上马车夫，它使荷兰强盛了 150 年。工业革命开始了，出现了蒸汽机。蒸汽机需要烧煤，荷兰没有煤，英国说我们有煤。煤从英国各地被挖出来，但是怎样才能把煤运到伦敦去炼焦炼钢呢？这就需要铁路。

英国的铁路是怎么修成的，钱又从哪里来呢？

美国的资本市场又是怎样一路走来的？

第 18 讲

资本市场的重要性

人类从荷兰的海上马车夫时代，进入工业革命时代。18 世纪最具标志性的事件，就是工业革命了。

1765 年，英国人詹姆斯·瓦特发明了蒸汽机，蒸汽机使用完全不同的能源，那就是煤。蒸汽机是一个伟大的发明，从此人类的动力有了革命性的改变，人们不再使用动物来作为机械的动力。比如，用牛和马，它们要吃饲料，就要在土地上种植燕麦，牛和马就是在跟人争夺土地资源，有人吃的就没有动物吃的，有动物吃的就不够人吃的。地球上的耕地资源是有限的，而且动物不能一天 24 小时都在干活，它们是有生理极限的。但蒸汽机就不一样了，只要有了燃烧的煤和水，它们就能一直不停地工作。蒸汽机的发明，把人类推进"蒸汽时代"，这是人类工业发展史上一次巨大的飞跃。

18 世纪以前的英国，是一个以农业为主的国家，人们的生活只局限在他们生活了好几代的乡村和最近的集市里。当时的一匹马，一天最快只能跑 100 英里。如果一个英国人住在英国西南部的一个郡，那么伦敦对他来说几乎跟国外一样遥远。那时人们的眼界非常狭窄，生活节奏也十分缓慢。

自从瓦特发明了蒸汽机，蒸汽机改变了这一切。以蒸汽机为动力，效率提高了许多倍。但蒸汽机需要烧煤，当时经济强国是荷兰，可荷兰没有煤，英国说我们有煤，煤从英国各地被挖出来，怎样才能运到伦敦去炼焦炼钢呢？这就需要铁路了。

19 世纪初，英国开始修铁路。世界上第一条铁路是 1825 年修建的，英国人计划在达灵顿和史达克顿之间修一条铁路，这是人类历史上最早的公共铁路。

修这条铁路需要花费 10 万英镑，可 10 万英镑对当时的英国来说是一个天文数字，任何个人都没有这么多钱。怎么办呢？于是这家铁路公司通过发行股票筹集到了资金。

仅仅花了一年时间，铁路建成了。这条铁路修通后，大大方便了商品的运输，这家铁路公司获得了巨大利润。铁路公司的三位发起人成功地向世人展示了铁路建设商业化经营的魅力，为日后修建铁路奠定了坚实的基础。从 1825 年到 1870 年，英国火车的通车里程达到了 1.3 万英里。

马克思在《资本论》中这样写道：假如必须等到单个资本增长到能够修建铁路的程度，那么恐怕直到今天还没有铁路。但是，股份公司瞬间就把这件事完成了。

英国用股份公司的方式修了铁路，铁路建设带动了冶金、采矿、煤炭、制造等众多行业的发展，英国变成了一个经济强国。

世界的经济中心从荷兰转向英国，它的殖民地遍布世界各地，英国被称为日不落帝国。什么意思？地球的西边天黑时，东边的天就亮了，因为英国的殖民地遍布世界各地，像北美、非洲、印度、澳大利亚、新西兰、缅甸等等，所以英国叫日不落帝国。

概括来说，17 世纪是荷兰的世纪，因为东印度公司发行股票让荷兰强大起来。18 世纪到 19 世纪是英国的世纪，蒸汽机的出现，用股份制的方式修铁路，让英国变成大英帝国。20 世纪，世界经济中心从英国转移到美国，20 世纪被称为美国的世纪。

400 年前还没有美国，当哥伦布发现新大陆后，全世界掀起殖民热，美洲就成了欧洲许多国家的殖民地，美洲生产的粮食源源不断地运往欧洲。

1776 年美国独立，20 世纪美国成为世界强国。是什么造就了美国的强大？其中固然有很多因素，但其中一个非常重要的因素，就是美国有一个庞大的资本市场。纽约的华尔街是全世界的金融中心。这种直接的融资模式，造就了美国经济的强大。让我们举例来看，美国是怎么造就大公司的。

我们使用的苹果手机是苹果公司创造的，我们使用的电脑视窗是微软公司发明的。这两家公司都曾在世界上独占鳌头。那它们是怎么诞生的呢？我们先说说苹果公司创始人乔布斯，看看他是怎么创建苹果公司的。

乔布斯出生于 1955 年，他出生后，由于妈妈未婚生子，他被送给别人抚养。他妈妈是个大学生，一心想把他送给一个有文化的家庭，当看到他养父母连初中文凭都没有时，她非常不满意。她对乔布斯的养父说："我只有一个条件，这孩子长大后，你一定要送他上大学，否则我不会把孩子给你。"养父说："夫人，请您放心！无论多么困难，我都会送他上大学的。"

当乔布斯长大后，到了上大学的年纪，他却不想上大学。养父说，不行，你必须读大学，否则我对不起你的母亲。乔布斯被逼无奈，他心想，你们非要我上大学，我就选择一所最贵的大学，让你们付不起学费。我看你们怎么办。后来他的养母回忆，乔布斯说里德学院是他唯一想去的大学，如果不能去那里上学，其他任何学校他都不想去。

乔布斯自己也说："当时我真的很天真，我选了一所大学，它的学费几乎和斯坦福大学一样昂贵。我的养父母只是工人，他们几乎花光了所有积蓄为我支付了学费。"

读了半年后，乔布斯看不出上大学有什么意义。他说："我既不知道自己这一生想干什么，也不知道大学能否帮我弄明白自己想干什么。这时，我很快就要花光父母一生的积蓄了。所以，我决定退学。"

1972 年年底，乔布斯从里德学院退学，回到家中。养父只好把自己的车库让给了乔布斯，他开始在车库里鼓捣电脑，和别人合作开了一家小公司，他给公司起名为苹果公司。但他们从哪里找到钱来开公司呢？是谁成就了乔布斯？是谁造就了苹果公司？

在乔布斯 25 岁那年，苹果公司上市了。他从资本市场拿到了钱，继而创造了一个世界级的伟大公司，让人类有了苹果电脑和苹果手机。今天苹果公司的市值已达 8 000 亿美元之多。试想一下，如果没有资本市场的支撑，苹果公司能活到今天吗？乔布斯虽然走了，但他把苹果公司留给了后人。

让我们再来看看比尔·盖茨的故事。

微软公司前总裁比尔·盖茨和乔布斯一样，也是 1955 年出生于美国。他小的时候，父母对他的期望特别高，想把他培养成一名律师，就把他送到美国西雅图著名的湖滨中学，这是一家十分严厉的私立中学。没想到这里成了他人生的转折点。

八年级的时候，学校在一场义卖活动中购买了一台电脑，学校把这台电脑连接上了通用电器的主机。从此他开始迷上了电脑，一发而不可收。1973 年盖茨以高分考入哈佛大学，但考入大学后，他对所学专业一点儿都不感兴趣，他只对电脑情有独钟。一年后他选择退学。

他的父母极力反对，他们望子成龙，但盖茨却义无反顾，他在 19 岁时就和同伴一起创建了微软公司。他想，未来世界会是人手一部电脑，打开电脑后，看到的都是微软的视窗。这就是他当时的理想。

就这样，经过艰苦的创业，到 1986 年 3 月 31 日，微软公司正式挂牌上市了。它最初的股价是 21 美元，上市当天股市收盘时，微软的股价就涨到了 28 美元。1987 年，31 岁的盖茨成了美国的亿万富翁。1995 年，盖茨 40 岁时，他成为世界首富，他在这一宝座上坐了 12 年之久。请问，是谁造就了苹果公司和微软公司？

是资本市场的强大力量支撑了它们，让它们的股票上市了，它们从资本市场找到了钱，才越做越大，成了国际上知名的大公司。

美国的资本市场孵化出很多像它们一样的世界驰名大公司。凡是买了这些公司股票的人，都跟着赚到了钱。那我们又要问了，在中国，像乔布斯和比尔·盖茨这样的人才多不多呢？应该说绝对不少。中国不缺人才，我们清华大学遍地都是人才，但他们要想自己创业，要想把企业做大，他们能从哪儿找到钱呢？只能从资本市场找到钱。

我认为，中国要想成为和美国一样的经济强国，现在只差一个条件，那就是拥有一个庞大的资本市场。

只要经济一遇到大的风浪，中国的很多中小企业就会倒下，为什么呢？因为它们没有能找到钱的地方。银行不给企业发放贷款，企业没有了流动资金，它们就得倒下。但这不能怨银行，因为银行的钱是储户的钱，银行不敢冒险随便贷款给企业。投资的风险就只能由资本市场来承担了。

美国的上市公司有 7 000 家之多，而中国的上市公司不到 3 500 家，中国上市公司的数量仅是美国的一半。所以，中国的资本市场规模相对小，上市公司的数量相对少。

中国需要一个庞大的资本市场，让有能力的人成为企业家，造就大企业。这就需要给他们创造一条直接融资的渠道，让他们发行股票，从资本市场找到钱，这样中国才能成为经济强国。

所以，中国金融改革的大趋势是什么呢？一句话概括：由间接融资变为直接融资。就是说，不找银行借钱办企业，而是从资本市场找钱办企业。中国的资本市场不管经历过多少次股灾，必将乘风破浪发展壮大。10 年后，当中国成为经济强国后，未来的上海证券交易所必定能和纽约证券交易所并驾齐驱。

中国经济的发展需要一条直接融资渠道，这是客观趋势，没人能够违背。

那股市中为什么要有一个交易所呢？股票为什么要集中交易？荷兰证券交易所是如何发展起来的？

第 19 讲

股市如何运行

股票市场一般分为两级市场：一级市场是发行股票的市场，二级市场是买卖股票的市场。证券交易所就是人们买卖股票的二级市场。

这么复杂的概念，大家不好理解，我举例来说明。

前文我说过一个我想发行股票办企业的故事，还记得我发行了多少股票吗？我发行了 5 000 万张原始股票，每张股票的票面价值是 1 元钱。这就是 5 000 万张纸，但每张纸都有价钱，1 元钱 1 股，所以这张股票就叫有价证券。是谁帮我发行的股票呢？是投资银行或证券公司帮我发行的原始股票。

我的股票发行后，作为投资者的你在一级市场是买还是不买呢？决定你买不买的因素是什么呢？你要看买了股票之后它能不能卖出去！如果买了以后不能卖出去，你敢买吗？你当然不敢买。就像去商场买大件商品一样，商家承诺可以退货，你才敢买，如果不能退货你敢买吗？

但买股票和买商品还有些不同，买了商品可以退，但买了股票不能退，如果大家都退了股票，那上市公司就不存在了。

那怎么办呢？如果你不要我的股票，你必须自己卖掉，那该到哪儿去卖呢？这时就出现了二级市场，就是买卖股票的市场，你要到那儿去卖。我们经常会听到，有人说他在炒股。他在哪儿炒股呢？那就是二级市场。

我提一个重要问题，请你思考一下：我成功发行股票后，这 5 000 万元钱我是拿走了，还是留在二级市场买卖股票了？

在清华大学课堂上，我经常提这个问题，学生们的回答各不相同。

有人说我拿走了，也有人说我没拿走，留在二级市场买卖股票了。

答案是，这 5 000 万元钱我都拿走了。留在投资者手里的是什么呢？是 5 000 万张原始股票，也就是 5 000 万张有价证券。

如果你愿意拿着我的股票，就等着公司的每年分红，如果你不放心我公司的经营，你不能把股票退给我，你必须去股市卖掉。卖好卖坏都是你的事儿，这跟我的公司没有关系。

所以，一级市场是一个发行股票的市场，钱我都拿走了，一分钱都没剩下，因为我需要这笔钱投资办企业。这笔钱就是我的机器和厂房。

那二级市场是做什么的呢？它是一个买卖股票的市场，也叫买卖有价证券的市场。股票看涨你就拿着，股票看跌你就抛了。谁要你的股票，谁就要自己掏钱来买。

所以这是两套资金，一套资金我拿去办企业了，还有一套资金在二级市场买卖股票。

因此，在股票发展的历史长河中，首先出现的是一级市场，就是企业发行股票的市场。投资者买了股票之后，担心股票跌了，于是就出现了股票的二级市场，就是股票买卖的市场，证券交易所就应运而生了。

大家知道，荷兰东印度公司是第一家发行股票的上市公司。

有人会问，什么叫上市公司？一家公司的股票可以拿到市场上去买卖，就叫上市公司。现在的上市公司指的是什么？指的是在证券交易所挂牌，可以公开买卖股票的公司。

人类历史上最早出现的证券交易所，是荷兰阿姆斯特丹的证券交易所。它成立于 1611 年。

人们刚开始做股票交易时是没有交易所的，投资者便找一个地方自己买卖股票。在荷兰的阿姆斯特丹，有一座非常著名的桥，这座桥叫“新桥”。荷兰绝不缺少桥，光阿姆斯特丹就有 1 000 多座桥。新桥之所以著名，就是因为荷兰人在这个桥上买卖股票。从 1602 年开始，世界上第一个买卖股票的市场就在新桥上形成了。

17 世纪初，新桥上云集了来自世界各地的商人，有法国人，也有英国人，他们在桥上从荷兰人手里买股票。大家在这儿每天交易两到三个小时，那时的股票交易非常频繁，人们不断地买进和卖出。

股票交易为什么这么频繁呢？有两点原因。

第一，因为有不少股票在投资者原始认购的几天后，价格就上涨到票面价值的 10% 以上。什么意思呢？一只股票发行时，你买进价格假如是100元，卖出时是110元，你赚了10元钱。所以你就想卖出股票。

第二，当时交通不发达，股票信息传递非常慢，买了公司股票的人，根本就无法了解这些发行股票的公司的业务情况。因为这些公司都在非常遥远的岛上，公司是赚钱还是赔钱，投资者根本就不知道，因此拿着股票心里发慌。这两点导致了股票买卖的投机风潮，快买快卖。

当时新桥的股票交易非常频繁。人们在那儿讨价还价，寻找交易对象，相互传递着股票的各种信息。直到有一天，这里的一切突然发生了变化。

由于荷兰地处西风带，一年四季都盛行西风，每逢恶劣天气，新桥上就无法交易股票了，因为风雨大到人都站不住。那怎么办呢？交易商只能跑到距离新桥最近的一个教堂避雨。雨大出不去，他们就在教堂里继续交易。一来二去，这个教堂就变成了第二个股票交易场所。

主教看到这么嘈杂的场面，心想："教堂是个神圣的地方，怎么能允许你们在这儿买卖股票呢？"主教一怒之下就把这些人统统赶出了教堂，从此不允许任何人在这儿进行股票交易。风雨中交易商们东躲西藏。到了1611年，交易商们从股票交易中赚了钱，他们就集资建造了一座建筑，专门用于股票交易。这就是人类历史上第一个证券交易所，叫阿姆斯特丹证券交易所。这个交易所存在了两个半世纪之久。

有人会问，股市中为什么要有交易所呢？人们为什么要去交易所做股票交易呢？他们分散交易不好吗？就像农民卖菜一样，大家为什么要找一个集市聚集到一起交易呢？就是因为买卖双方在一起可以讨价还价，股票买卖同样如此。

那交易所有什么好处吗？它有两点好处。

交易所的第一个好处就是集中交易。想想看，你到大街上去买卖股票，你有想卖的股票，想买的人却不一定能找到你，你的股票也不一定有人买。如果交易商集中起来，所有的买方和卖方凑到一起，就容易形成一个大家都能接受的价格，这个价格叫均衡价格。这是经济学上的一个概念。所谓“均衡价格”，就是买卖双方通过讨价还价最后形成的价格。股票集中交易就能形成均衡价格。

那股票究竟是分散交易好还是集中交易好呢？让我举例来说明。

想想看，你拿着股票走到大街上，你告诉对方你愿意卖 10 元，人家说我愿意 8 元买，你可能就卖给他了。即使旁边有一个人愿意出价 15 元买你的股票，你也不知道。

集中起来就有这个好处，谁出价高你就把股票卖给谁。如果你能卖 15 元，对你来说不是很好吗？对于花 15 元买你股票的人，也不是一件坏事，这是他愿意买进的价格。这对双方都有好处，达到了资源最优配置。证券交易所就是通过集中交易，使买卖双方达到最优状态。

交易所的第二个好处是，证券交易所的集中交易行为相对透明，有利于资源的大规模配置。

假如你只买 1 万元股票，很好办，但如果你想买 1 亿元的股票，怎么办？这就需要把所有的买方和卖方都集合起来，你才可能买到这么多股票。这是只有交易所才能办到的事。

集中交易的优势几乎是无可替代的。从 1611 年到今天，人们一直在努力扩大这种集中交易的优势。以英国为例，19 世纪之后，英国各郡共有 21 家证券交易所。而到了 1973 年 3 月，这 21 家证券交易所合并为一家，就是伦敦证券交易所。

中国在 20 世纪 90 年代诞生了两家证券交易所，一家是上海证券交易所，另一家是深圳证券交易所。有人会问，为什么不能在兰州或郑州也开一家证券交易所呢？

如果中国各个省都有一个证券交易所的话，那你买卖股票多麻烦？你需要开多少个证券交易账户？这样只会增加投资者的交易成本。交易所还有一个规矩，就是绝对不允许欺诈行为存在，而且上市公司的信息必须透明公开。

为了防止股市的欺诈行为，我们看看荷兰政府是怎么做的。

阿姆斯特丹的市长，专门任命了一位交易所官员，让他来监督证券交易。如果发现有人行为不轨，违规者要受到严重惩罚，被砍掉手臂。这是多么严重的刑罚！这种严惩，就是为了防止证券交易中出现欺诈行为。

如果出现欺诈行为，惩罚将极为严重。投资者不能受骗，否则没人敢买卖股票了。虽然股票买卖的风险很大，但是能赚到钱，所以投资者甘愿冒风险。这就是股票市场和证券交易所的魅力所在。

当今世界，名气最大的证券交易所，要属美国纽约证券交易所，它在金融市场中的地位举足轻重。

那么，纽约证券交易所是怎样产生的呢？证券经纪人又是干什么的呢？

第20讲

证券交易所的作用

如果有人问，全世界哪儿的股票市场最发达？你可能首先会想到美国纽约的华尔街，想到纽约证券交易所。那么，纽约证券交易所是怎样产生和发展的？证券经纪人又是怎么回事呢？

说到纽约证券交易所的诞生，它和荷兰阿姆斯特丹证券交易所相比，晚了将近200年。但纽约证券交易所是后起之秀，它一跃超过了荷兰和英国等其他国家的证券交易所，成了全世界的金融中心。为什么纽约证券交易所发展得这么快呢？这当然是由美国经济发展的速度决定的。

纽约证券交易所最早诞生在一棵梧桐树下。那时许多买卖股票的人就聚集在这棵树的周围买卖股票，大家在那儿讨价还价。1792年5月17日，24名证券商在这棵梧桐树下缔结了一个“诚实守信”的交易联盟。

他们说：“在这棵树下，我们做股票交易的每一个人都要诚实守信，不能说谎，不能不守信用。”这24个人在联盟文件上签下了自己的名字，纽约证券交易所就这样诞生了。从此，纽约证券交易所进入了集中交易的时代。

后来这棵树自然死亡了，据当时的媒体报道说：“一棵树离去了，纽约失去了一位可亲可敬的老朋友。”为了纪念这段历史，如今的华尔街依然种着一棵梧桐树。

到了19世纪初，美国的证券市场得到了充分发展，1817年时就有30只股票在交易。证券商们在华尔街租了一套房子扩大交易。

1861年美国爆发了南北战争，打仗需要钱，美国政府就发行了大量的债券来筹集资金，债券一多，股票市场的交易就跟着活跃起来。人们都到交易所来买卖债券。这个租来的场所拥挤不堪，人们在那儿挤来挤去。1865年，只有500种证券挂牌上市，到了1900年，挂牌上市的证券已达到1 000多种。交易的场所空间真不够了，怎么办呢？

1903年，美国在华尔街修建了纽约证券交易所。这是一座非常宏伟的建筑，具有古希腊建筑的风格。它的正面有一组浮雕，浮雕上雕有从事工业、农业、贸易的人，他们代表着各个经济领域。交易所下面有六根圆柱，六根圆柱托起的这些浮雕，象征着资本市场对经济的支撑作用。

纽约证券交易所的建筑风格表现出华尔街作为新的世界金融中心的信心，也预示了它即将到来的繁荣。

如果你现在走在华尔街上，你完全想象不到，华尔街是一条长不过500米、宽不足20米的小街。这么小的一条街，名气却如此大，代表了世界金融中心。世界上多家金融机构都坐落于此，这里是全球资本市场最核心、最活跃的地方。

纽约证券交易所是从一棵梧桐树下发展至华尔街的，它成了全世界最著名的证券交易所，它也是世界经济的晴雨表。如果你想知道世界经济是否景气，首先要看的就是华尔街上的纽约证券交易所。

谈到证券交易所，我们不能不谈那些在交易所里忙碌的人。

看电视时，只要打开财经新闻，你经常会看到一幅画面，就是交易所里有许多忙碌的人。他们穿着马甲，在那儿写着纸条，还大声呼喊着。他们在那儿干什么呢?

他们就是股票经纪人，也叫证券经纪人，是买卖股票的中介人。在证券交易中，投资者相互之间是不能直接买卖股票的，必须通过证券经纪人来买卖股票。经纪人是为炒股人提供服务的。经纪人向买卖双方收取交易手续费，也就是收取佣金，但经纪人自己不能炒股。

有人会问，股票不是可以自行交易吗？为什么需要经纪人呢?

本来股票是可以由交易双方自己买卖的，但到了 1612 年，来自欧洲各国的投资者太多了，阿姆斯特丹证券交易所越来越拥挤了。这么多人都拥进来，在交易所里买卖股票，买卖双方都很难找到对方，股票交易的效率开始下降。于是，一种新的交易方式诞生了——经纪人出现了。300 名最具信誉的人被推选出来，他们作为投资者的代理人，可以进入交易所做交易，其他人不能再进入交易所，谁想买卖股票只能找代理人。这 300

位代理人被称为经纪人，他们是人类历史上最早的一批经纪人，他们诞生在荷兰阿姆斯特丹的证券交易所里。

买卖股票为什么需要经纪人呢？想想看，让你自己完成一笔股票交易，是多么困难的一件事情。尤其是你想买进或卖出大额股票时，你自己怎么办得到呢？

有了经纪人就不一样了。经纪人可以很快就完成一单交易，他们非常专业，而专业化最大的特点就是高效率。

纽约证券交易所聚集了很多证券经纪人，作为买卖双方的代理，他们每天都为大量股票证券的买卖双方提供服务。然而不是什么人都能做经纪人，经纪人必须经过专业学习，通过严格的考试，并取得正式资格才能上岗工作。纽约证券交易所一共有 1 366 位经纪人。

经纪人在场内走来走去，他们通过叫喊寻找买主或卖主。在纽约证券交易所买卖股票都是经纪人之间面对面进行的，所以他们需要跑动和大喊大叫，他们是在为投资者买卖股票呢！

有了经纪人，好处在哪里呢？就是市场中的股票信息都会集中到经纪人那儿，投资者可以通过经纪人了解市场信息。代替投资者买卖股票时，经纪人更专业，他们可以帮助投资者迅速做出决策，将股票卖出一个好价钱。

1971 年，美国的纳斯达克证券交易所诞生了，它是一个全美会员自动报价系统。它开创了证券交易电子化的先河。从那以后，一个没有交易大厅的股票交易所出现了。

当股票交易电子化之后，交易所的经纪人该做些什么呢？

他们还有生意可做吗？后来纽约证券交易所也实现了电子化，它每日交易额的半数，都是通过电子交易完成的。每张订单在10秒钟内可以完成。超过90%的订单都是这样操作的，通过经纪人完成的订单还不到10%。可这10%的订单都是大额订单，占了交易额的半数。为什么大额订单不通过电子方式，而要通过经纪人来完成呢？这是因为，如果有人要下一张非常大的订单，比如他要买进1亿美元股票，他不放心电脑替他工作，万一错了怎么办？所以他就想亲耳听到经纪人确切买进股票的声音，他才能放心。

虽然股票交易已进入电子交易时代，但纽约证券交易所的大额股票买卖还是靠人工来完成。为什么经纪人还会存在呢？就是因为投资者需要安全性！这就跟银行永远不会消失一样。人们在运作大额资金时，还是要去银行办理，因为那儿更保险、更安全。

那为什么我国的股票交易就没有经纪人呢？是的，中国没有在证券交易大厅里跑动着的股票经纪人，我们是用证券公司来代替的。

20世纪90年代初，我国炒股的人坐在证券交易大厅里，看着电子屏幕，记下股票号码，填好单子，再到前台找工作人员下单买卖股票。当互联网出现后，中国人炒股不必再去证券交易大厅了，我们可以坐在家里，在电脑上炒股。尽管如此，中国的股票交易实际上是证券公司为投资者提供交易服务。股票经纪人的角色在中国由证券公司代替了，证券公司会收取一定的手续费。

在400年的股票交易历史中，股票交易刚开始是讨价还价，之后经纪人出现了，之后电子交易出现了，再之后互联网交易出现了。无论股票交易形式怎样变化，但股票交易的理念永远不变：提高市场效率，降低交易成本。这是经济学的基本原理。

股票市场总是朝着更经济、更有效率的方向发展。

美国纽约证券交易所已存在200多年了。在该交易所上市的公司已超过了3 000家。它在全球的资本市场上筹措的资金已超过10万亿美元。这是多么大的数额啊！

许多大公司都是在纽约证券交易所上市的，例如可口可乐、通用电气、IBM公司、波音公司和沃尔玛等等。如果没有资本市场的融资，没有大量公司的股票上市，就没有美国经济的今天。所以，纽约证券交易所在美国经济中起到的作用是不可估量的。

那么，有了证券交易所和股票经纪人，有了互联网交易系统，投资者又是怎么知道股市行情的好坏呢？

他是该买进股票还是该卖出股票呢？

股票市场有什么客观的衡量标准吗？

就在100多年前，有一个人发明了一种指数，用它来衡量股市行情的好坏，你想知道他是谁吗？

第 21 讲
道琼斯指数的故事

在一个证券交易所里，每天有那么多只股票在进行交易，股票价格有的升，有的降，那怎么看股市行情的好与坏呢？

很多人都听说过股价指数，但很少有人知道什么叫股价指数。股价指数是干什么的呢？

100 多年前，美国有个人发明了股价指数，他提出了股价指数的计算方法，终于让人们能搞明白今天的股市行情是好还是坏了。下面我就和大家讲讲道琼斯指数的故事，让大家了解股价指数这个概念。

“道琼斯”之中的“道”，指的是一位美国的金融记者，他的名字叫查尔斯·道。1851 年他出生在美国一个贫困家庭。

6 岁时他的父亲去世了，家境十分贫寒。他只上过小学，从小就在农场帮母亲干活儿。十三四岁时他离开了农场，为了养活母亲，他干过 20 多种工作。可他最大的梦想就是当一名记者。21 岁时，一个偶然的机会他进入报社当了一名记者。

“琼斯”指的是另一个人，名叫爱德华·琼斯。琼斯受过大学教育，他的思想非常活跃。由于工作的关系，他和道成了好朋友。

1879 年查尔斯 · 道在报社接到了一个外出调研的任务，跟随一些金融家去科罗拉多州的一个小镇做市场调查，这次出行让他获益匪浅。当时科罗拉多州的小镇挤满了淘金者，采矿业的发展带动了当地的经济，黄金是吸引移民来这儿的直接动力。这和美国加利福尼亚州第一次发现金矿一样，科罗拉多州的繁荣也是由黄金推动的。

科罗拉多州位于美国中西部地区，这里有丰富的黄金矿藏。人们在这儿发现了天然的金块儿，这就引发了美国历史上第二次淘金浪潮。在市场调查的过程中，查尔斯 · 道写了一系列报道。这次经历让他发现自己竟然对财经问题如此感兴趣。他想道："噢！原来我的天赋是对财经问题的分析能力。"西部之行让他意识到，如果他想成为一个专职的财经作家，就必须去纽约，去华尔街那个充满挑战的地方。

于是他带着理想来到纽约。当时的华尔街就像一个梦工厂。那儿每天都有成百上千亿的美元流进流出。正因如此，华尔街也吸引了无数投机者和冒险家。这块土地造就了一大批金融奇才和亿万富翁，而这些金融巨头牢牢地把控着美国乃至全球的金融业。

曾有人这样形容华尔街："怀揣 100 万美元走进华尔街的人，根本就是一个可怜的乞丐。"可见来华尔街的人多数都是腰缠万贯的。

到纽约后，查尔斯 · 道先在纽约证券交易所的交易大厅里工作了一段时间。他看到当时经纪人用口头或打手势的方式进行着交易，还有些人风风火火地在交易大厅来回跑动着。

查尔斯·道感觉华尔街的金融市场虽然表面非常繁荣，可在这种忙碌的背后，似乎缺少点儿什么东西，但究竟缺少什么呢？他在努力思考着。

当时的美国正处于工业革命时期，商品的销售被大资本家垄断，而这些大公司又把自己的股票卖给了公众，但股票价格却是被垄断的。什么叫垄断呢？就是股票的价格由这些大公司自己说了算。股票买卖被金融投机者操纵着，这就引起了股价的暴涨暴跌。这些投机者在股价上涨时抛出股票，在股价下跌时又买回股票，他们从中牟取暴利，可是在股市里买卖股票的小投资者却遭到灭顶之灾。华尔街的股票市场当时完全是混沌的。公众非常渴望了解发行股票的这些上市公司的财务信息，想知道某只股票是该持有，还是该抛了。华尔街的金融市场也急需这些信息。

查尔斯·道看到了机遇。他心想，这么多只股票的价格都不相同，怎么能让人们知道，股市在今天是跌了还是升了？人们买股票是赔了还是赚了呢？他意识到，急需有一个组织来公布这些企业真实的财务报表。他找到一种抽象的方法，可以在国内市场测知这些工业巨头公司的股价走势如何。

于是，查尔斯·道、爱德华·琼斯和伯格斯里特，这三人成立了一家公司，专门研究这个问题。但他们不想把公司的名字弄得太长，因此只取“道”和“琼斯”组成了公司的名字。

其实，伯格斯里特在公司做了很多工作，他从大公司那儿获得非常有价值的信息。只因名字太长，伯格斯里特失去了这个名垂青史的机会。

当时他们的办公条件十分简陋，只有一间地下办公室、一台打字机、一部电话，他们只雇了一个女秘书。他们做了一份只有两页的手写报纸，抄录了24份，送给华尔街的金融人士。人们慢慢地对这份小报产生了兴趣。

1883年11月13日，他们出版了刊登11只股票（包括9家铁路公司、2家轮船公司的股票）的平均价格指数的报纸。

1889年7月8日，《华尔街日报》诞生了，道琼斯指数就登在这份报纸上。查尔斯·道亲自担任主编，他一直干到1902年去世。道提出的平均价格指数以及这份报纸至今仍在影响全世界。

1896年5月26日，他们开始在报纸上刊登12家公司的股票平均价格指数。这份报纸2美分1份，5美元就可以订阅一年，它只提供信息，不发表观点。投资者只消花上5美元，就可以获知一年的股票信息。

我们今天看到的道琼斯工业指数，是以1928年10月1日这一天为100开始计算的。从那时起，每天的股票价格指数都会与前一天进行比较。高于昨天的点位，就表明今天的股市在升，低于昨天的点位，就表明今天的股市在跌。

纽约证券交易所每天交易的股票成千上万，但交易结果却以最简单的数字形式告诉你，这就是道琼斯工业指数的功能。

100 多年前，查尔斯·道在《华尔街日报》上发表了自己算出的股价指数，当时他只想让投资者和金融家把这个指数作为投资的一个参考。他完全没有想到，这个计算股市变动的指数方法被人们广泛地接受了。《华尔街日报》从 1.1 万家公司中定期选出 30 家公司作为参考，来计算股价指数。所以我们说这个指数具有广泛的代表性。

查尔斯·道 51 岁时在纽约的布鲁克林去世，他给华尔街留下了有这条街名字的《华尔街日报》和道琼斯指数。

道琼斯指数用了 76 年的时间达到了 1 000 点，用了 14 年的时间达到了 2 000 点，用了 8 年的时间达到了 4 000 点，2007 年道琼斯指数超过 12 000 点，2018 年道琼斯指数超过了 25 000 点。就这样，道琼斯指数跌跌涨涨地走到了今天。

在这 100 多年里，西方的每家报纸和广播，每天提到次数最多的就是道琼斯指数。一块不断跳动的阿拉伯数字的电子显示屏，绿色表示上升，红色表示下降。有人盼望绿色，有人盼望红色。这块屏幕虽然算不上什么风景，却吸引了最多的视线。投资者的心情也会随着股指的波动而起起落落。

讲到这里，我要解释一下什么叫股价指数。股价指数就是反映不同时期股票价格变动程度的指标。股价指数用点来表示，以基期那天为 100 点。我们不说股市涨了百分之几，而说股市涨了多少点，股市跌了多少点。当人们了解股价走势后，炒股时就能做到心中有数。

股价指数是一个多么天才的发明。永远没有人知道明天的股市如何，股市运动只有两个方向：向上和向下。人们用两种动物来表示股市行情：牛市和熊市。当股市一直上扬时，人们把它叫作牛市；当股市一直下跌时，人们把它叫作熊市。股市的上扬和下跌，是通过股价指数的变化来反映的。

我们怎么知道股市的冷与热呢？就是通过股价指数的变动来判断。

股市是经济的一张晴雨表，股价指数就是股市的温度计。当一国经济增长时股价指数就涨，当一国经济衰退时股价指数就跌。

为什么有时我们买股票能赚钱，有时又会赔钱呢？为什么股市有时是牛市，有时又是熊市呢？投资者该怎么对股市行情做出正确的判断？那就是看股价指数。

有些人说，道琼斯指数有时让你赚钱，有时让你赔钱，真是令人头痛。其实，投资者在股市中赚钱与否，绝不是股价指数能决定的，股价指数只是客观地记录股票价格的走势而已。

如果你想炒股，一定要先学会看股价指数。那么世界上哪几种股价指数最重要？影响股价指数的因素又有哪些呢？

第22讲

看懂股价指数

有人会问，为什么股市中每只股票的价格都不相同，有的股票价格高，有的股票价格低，有时股价高的股票有人抢着买，股价低的股票却无人问津？投资者为什么不买价格便宜的股票呢？

你想炒股吗？你想知道股票价格是由什么决定的吗？有哪些因素决定了股票价格？世界又有哪些著名的股价指数呢？

这一讲我们就来谈谈股票价格和股价指数的基本知识。

一只股票的价格是由什么决定的？

我们说过，股票有两级市场，一级市场是股票发行的市场，二级市场是买卖股票的市场。这样就有了两个价格，一个是股票的发行价格，一个是股票的市场价格。

我们首先看股票的发行价是由什么决定的。一家上市公司发行股票时，除了股票有一个票面价值外，它还有一个发行价。股票发行价的高与低，要看股票的票面价值，还要看股市的行情，也就是看现在是牛市还是熊市。股市的行情好，股票的发行价就高；股市的行情不好，股票的发行价就低。

投资者在一级市场认购股票后，他把股票拿到二级市场去卖，就会有一个市场价格。那股票的市场价格是由什么决定的呢？

股票本身没有价值，它仅是一种所有权凭证，它是一张有价证券，它能给买股票的人带来收入，也就是股息和分红。

我们给股票的市场价格下个定义，它等于股息和存款利率之比。

$$股票市场价格=\frac{股息}{存款利率}$$

就是说，一只股票的股息越高，股票价格就越高；银行存款利率越高，股票价格就越低。股价和股息成正比，和存款利率成反比。

这样说太抽象，不好理解，举例来说明。

假如你有100元存入银行，银行每年给你5元的利息，存款利率是5%。如果你花100元买一只股票，每年给你带来10元股息，那么，你手里的股票值多少钱？就相当于你把多少钱存入银行，能得到10元利息？

你得把200元存入银行，才能得到10元利息。所以，这只股票就值200元。如果你花150元买到它就赚了，花300元买到它就赔了。

换种说法。为什么这张100元面值的股票，能卖200元呢？因为上市公司每年给你10元的股息分红，就相当于你在银行存款200元得到的回报。如果你以150元把它卖了，之后买你股票的人还能赚到50元。

当然，这只股票的市场价格会受到很多其他因素的影响，比如资金供求情况、经济、政治和国际环境等等 。

影响股票价格的主要因素一是股息，二是存款利率。

先看股息对股价的影响。股息是公司每年给股东的分红。看一只股票的价格，一定要看公司效益好不好，看公司是否赚钱。投资者买股票就是为了赚钱。

例如，美国苹果公司是一家上市公司，1980年苹果公司在纽约证券交易所上市，苹果公司股票的发行价是每股22美元，38年后，也就是到了2018年，苹果公司股票的市场价是170美元。为什么苹果公司股价上涨了这么多呢？因为公司效益好，买苹果电脑和苹果手机的人多，公司赚钱多，给股东分红也多，就使得苹果公司的股价上升了。

再比如中国的腾讯公司，2004年6月腾讯在香港联交所上市，发行价是3.7港币，2018年这只股票的市场价上涨到380港币，涨幅超过100倍。为什么？腾讯公司作为中国的互联网巨头，它的微信和腾讯视频为公司带来了巨大收益。它的高成长性给股东带来了较高的投资收益，股票的市场价格就上涨了100倍。

当然也有很多股票跌破发行价，因为公司效益不好不赚钱，它的股票就不值钱。

所以，选股票要看上市公司的业绩如何。如果你选到了好公司的股票，那你在股市就可以赚钱了。

再来看银行利率对股票价格的影响。

当利率下调时，买股票合适，股市相对是一个牛市；当利率上调时，买股票不合适，股市相对是一个熊市。理论上说，利率高股价就低，利率低股价就高。一国央行如果调整利率就会影响股市的走势。

例如，1982年7月，美国的利率下降了2%~3%，人们在纽约证券交易所狂购股票。为什么呢？你想想看，当利率下降了2%~3%，企业的收益就高了。利率下降后企业借钱容易了，还款的利息也便宜了，省下这部分贷款的利息就变成了企业的纯利。这就给企业增加了2%~3%的利润。利率下降，人们再到银行存钱就不合适了。企业赚钱了，股息和分红多了，买股票更合适。于是大家都从银行取出钱来去买股票，股市行情就表现为上升。

举一个反例。1987年10月19日，这一天是美国华尔街股市著名的“黑色星期一”，投资者在这一天狂抛股票，股市暴跌。仅一天时间，道琼斯指数就跌了508点，这是什么原因呢？

当时，美联储的主席格林斯潘，相当于中央银行的行长，刚刚上任不久，他觉得美国通胀率太高了，担心经济会出问题，打算提高利率来降低通胀。他暗示要加息了。

中央银行一提高利率，投资者的借款成本就会提高，还款利息高了，大家对资金需求就会下降，人们没有那么多钱去购买商品，物价自然就会降下来，人们没有那么多钱去买股票，股价自然也会降下来。

对于美国来说，美联诸主席说话特别管用，有时甚至会超过总统。因为美联储主导利率杠杆，而加息和降息都影响人们的钱袋子。

美国投资者听说要加息，就开始慌了，都不计代价地抛出股票，导致了美国股市暴跌。这时谁还会拿着股票呢？因为利率提高了，企业的股息会下降，人们会选择卖掉股票，把钱存入银行。

如果你炒股，你一定要关注利率，也就是加息和降息。

这两个例子都说明了利率对股市的影响。

看股市的行情，除了这两个经济指标外，还要看国际政治经济形势的变化。

例如，2001 年美国发生了“9 · 11”恐怖袭击事件，人们判断美国要打阿富汗了，战争一旦打起来一定会对经济产生影响。投资者想，还是先从美国股市撤出吧，宁可错过赚钱的机会，也要确保资金安全，于是美国股市就出现了明显的下跌。

又如，2018 年中美发生贸易摩擦，中国的股市就一直处于跌势之中。为什么呢？因为投资者看不清形势，不敢待在股市里，所以中国的股市就表现为下跌。实际上中国经济并没有这么差，这是人们恐慌的结果。所以，当你发现国际经济形势剧烈动荡，或者有大的政治风暴发生时，股市将不可避免地暴跌，你要做好及时撤退的准备。

投资者可以通过股价指数来判断股市总体走势。世界上著名的股价指数有哪些?

世界著名的股价指数主要有四个。

第一，美国的道琼斯工业指数。这个股价指数非常重要，全世界投资者都看它。

第二，美国纳斯达克指数。这个指数代表了世界的高科技行业走势。

第三，日本东京的日经指数。日本是世界第三大经济体，它对全球经济的影响不可低估。

第四，香港的恒生指数。因为中国香港是亚洲的金融中心，它和内地的经济紧密相连。

股价指数起什么作用呢?现在世界经济处于联动中，一国的股市波动必然会引起别国的股市波动，最后会影响到中国股市。

如果看到道琼斯指数下跌，第二天恒生指数可能就会下跌，日经股指也会跟着跌，中国的股市会发生连锁反应。你炒股时一定要关注这些股价指数，你的反应一定要快。

中国内地有两个证券指数，一个是上海证券综合指数，简称上证指数；还有一个指数是深圳成分股指数，简称深成指。我们用这两个股价指数来判断中国股市行情的好与坏。

如果你想投资股市，想成为股市的赢家，你就必须了解这些股市知识。

有人会问，中国股市的行情如何呢?这要看中国经济增长状况如何。如果中国大多数企业都赚钱了，中国经济处于上升状态，中国的股市行情就好。反之，如果没有经济做支撑，股市只能是短线的利好，不会出现大牛市。

那么，中国的股市究竟是怎样的？投资者该如何对待中国的股市呢？

第23讲

股市的投资理念

一

中国股市走过 20 多年的历史，起起落落、跌跌撞撞地走到了今天。

回望中国股市，一路走来，有太多的欢乐与痛苦，也有太多的经验与教训。

这一讲主要谈炒股的两个理念：第一，买股票是做投资，别去投机；第二，长线投资并不等于长期持有。

炒股的第一点理念，买股票是一种投资，而不是投机。

如果你想在股市里投机，一定会有更大的投机者在等着你。

先给大家讲一个故事。2005 年中国股市大起之前，有个朋友来找我聊天。他说："我手里没有多少钱，我在银行存到 1 万元时，我经过仔细斟酌，在 1 500 只股票中选定一只股票买进。当我买进后，转天一看，这只股票哗啦啦跌，第三天看还是哗啦啦跌，跌得我心里实在发慌，我一咬牙一跺脚，就把它给抛了。抛出后，我发现这只股票拉起就走，我追不上了。

"第二次我又存钱，终于存到 1 万元时，我又去买股票。这次告诫自己，一定要选准一只好股票。我仔细研究这 1 500 只股票，终于选定一只股票买进。心想，北京买房的首付就靠它了。之后我就等着了。没想到转天开盘一看，我的这只股票哗啦啦又跌了，每天看都在跌，跌得我心里实在发慌，我一咬牙一跺脚，就把它抛了。转天一看，我的这只股票又是拉起就走，又追不上了。

“我只想问你一句话，中国股市这么大，就缺我这一两万吗？为什么我一买它就跌，我一卖它就涨呢？”

我没有想到他会问这样的问题。我答道：“中国股市绝不缺你这一两万，但股市中太缺少像你这样的人了，因为你的存在有人才赚到了钱。”

中国有太多的小股民，买了股票后拿不住，只要看到股价跌就心里发慌，他们总是追涨杀跌，就这样把自己在股市的钱都赔光了。普通百姓通常没有多少耐心去投资，看不到三年五年这么远，只想投机一次，最好能赶上三个涨停板。大多数人都是这样想的，也是这样做的，这就是投机。

在股市中投机的人，一年暴赚100%，甚至两年翻5倍的人，是注定要被市场消灭的，这已为100多年的资本市场历史所证明。这些“聪明人”已经被市场消灭过无数轮了。

抱着投机心态的小股民就像韭菜一样，一茬儿一茬儿地被收割。

所以买股票一定要有投资的理念。说到这，我给大家讲一个真实的故事。

20世纪80年代，香港有三个老太太想买股票，她们不认字，于是请了一位牧师帮她们买股票，她们每人买了两三万港币的股票。20 年后，老牧师去世了。她们想把股票赎回来养老。这三个老太太找到牧师的继承人说："我们都老了，想把我们的股票赎回来养老。你看行吗？"牧师的继承人问："你们说你们有股票，你们有什么证据吗？"她们说："没有！我们都信上帝。"牧师说："信上帝不行！没有证据我就不能给你们钱。我是老牧师的继承人，他没有告诉过我这件事，我替他管理他的遗产，不能给你们钱。"

教友们听说了这件事，就问三个老太太："你们真买股票了吗？如果是真的，我们帮你们写诉状，到法院起诉，你们一定能赎回股票。"开庭时，法官问："你们还记得自己买了哪只股票吗？"一个老太太说："我买的是恒生银行的股票。"另一个老太说："我买的是汇丰银行的股票。"第三个老太太说："我想不起来了。"

法庭经过调查，证明确有其事。法院最后判这三个老太太赢。那么，法院判给三个老太太多少钱呢？每个老太太都分到 300 万港币。而当年她们入市时每人才投了几万港币。没想到这些年来，香港的银行股收益非常好，股票一直上涨。若干年过去了，她们当年的这种投资行为带来了高额的回报。

我想问大家，如果这三个老太太认字的话，她们能把股票拿这么长时间吗？她们会不会涨到 50 万港币就抛了，或者涨到 80 万港币就抛了，会等到 300 万港币吗？她们搭上了香港经济发展的快车，还有一个重要的原因就是她们不识字。遗憾的是我们大家都识字，还会上网看曲线呢。

有人会说，你说的那是香港股市，在中国内地，股市就不会这样了。也不尽然。

例如，在中国房地产行业中，万科公司曾经坐过第一把交椅。1990 年中国股改时，万科是第一家上市的房地产公司。万科刚上市时，投资者都不认这只股票。股票发行价才 1 元，仍然没人认购。当时在深圳有多家房地产公司，没人知道万科日后的发展如何，谁都不敢轻易买它的股票。

万科董事长王石千方百计到处说服人们买他们公司的股票，终于说动了一家证券公司，准备买 300 万元的股票。王石很高兴，没想到的是，最后要兑现时找不到人了。那怎么办？股票发不出去可不行！这时的王石非常着急。

他的一个香港朋友听到这个消息，就说："王总，你别着急，我这里有 300 多万港币，我帮你一下吧。"于是这位朋友买下了 300 多万股万科的股票，这位先生一直拿着万科的股票没有抛。

2007 年的一天，王石在一个电视访谈节目中，说了这样一段话："万科公司的股票从 1990 年上市到今天，这 17 年来涨的不多，就涨了 1 500 倍。如果当初谁投了 1 万元，买了万科的股票，一直拿着没抛，到今天就是 1 500 万元。"虽然王石曾是万科的董事长，但他的身价不如那位先生。这个投资 300 多万港币买万科股票的人，他现在的身价是多少呢？应该以几十亿元来计算吧。

为什么万科的股票涨了这么多？都是因为中国房地产的黄金20年，让房地产行业赚足了钱，才有了万科股价的节节上升。

所以你要投资股市，一定要想清楚，你是打算投资股市，还是准备投机股市？虽然没有绝对区分，但如果你是要投资，我建议你要耐心一点。这里说个美国股神巴菲特的故事。

巴菲特11岁时，他自己存了一点钱，又找姐姐借了点钱，凑了120美元，买了一只股票。这只股票他是以38美元一股买进的，买进后股市突然大跌，他损失了30%。姐姐每天都催他还钱，他很着急，当股价升回40美元时他赶快卖掉了，把借姐姐的钱还上了，他只赚了5美元。没想到他卖掉股票后，这只股票就一直涨，涨到202美元，他非常后悔。他因此学会了投资的第一课，就是炒股要有耐心。但我们大多数人都拿不住股票。

什么叫股市投资呢？就是买了股票一直拿着，等着公司成长，等着公司分红，等着公司成为大公司的那一天。

什么叫股市投机呢？就是短炒，今天买了明天卖，快进快出。你想想看，如此频繁的交易，这一买一卖会损失多少手续费？

凡是在股市中做投机的人，最后都会被更大的投机者吃掉。

炒股的第二个理念是：长线投资并不等于长期持有。为什么这样说呢？

2005年我去郑州讲课，见到一个和我同龄的学医的人。他说："自从中国有股市以来，我进入后就没有出来过。"我问他什么感觉。他说："股价涨的时候兴奋快乐，股价跌的时候痛苦绝望。"我问他："你现在什么感觉？"他说正在痛苦之中。我问为什么？他说："股价正在暴跌，我女儿正等钱上大学。"我说："你就抛了股票让女儿上大学呗！"他说："抛了我就赔了。"我说："不抛你更赔了，你的女儿连大学都上不了。"这位医生就是把长线投资变成了长期持有。自从中国有股市他就没有出来过，股市涨涨跌跌，所以他不赚钱。

数十年来，美国股神沃伦·巴菲特的资本每年的平均盈利都达到20%左右。他说他买股票都是投资行为，他从来都不投机。他要把一个行业、一个产业的全部都看尽，都研究透了，才去买股票。

当股票市场价格低于它的内在价值时，他作为一笔投资，大量买入。他不是短期投机，而是长线投资。他要看企业效益，看企业的发展前景。如果这个企业有实力、效益好，这只股票的价格将来一定会升。所以，他认为拿钱去投资股票，比把钱放在银行更合适。

2001年中国内地股市低迷时，香港股市同样低迷。巴菲特就在中石油的股价跌到1港元左右时，买进了23亿港元的股票。第二年中石油的股价涨了1倍，净赚了23亿港元。但他没有卖出，一直拿在手里。

从2002年到2006年，他持有了5年中石油的股票。到2007年6月，中石油要在中国内地发行A股，全世界对中石油一片赞誉声，中国投资者更是翘首以盼中石油的回归。

当所有人都看好中石油的时候，巴菲特却在香港股市上分批抛出了自己手上所有的中石油股票，卖价在12港元至14港元之间，这一笔就赚了237亿港元。

巴菲特买进中石油股票就是一种投资行为。他看好中石油的前景，他分析出中国经济发展需要大量的石油，他在中石油这只股票上赚了大钱。

当他卖完股票，中石油回归后股价暴涨。有人说，巴菲特你卖得太早了吧？现在中石油股价涨了多高，你少赚了多少钱？

巴菲特这样回答："也许我卖早了。可我买中石油公司的股票，买的是它的原材料，是它从井里打出来的石油。当国际油价在20美元一桶时我买了它，当油价涨过75美元时，我就抛了它。"

让人没有想到的是，当中石油股票回归中国内地股市以后，先涨后跌，香港中石油股价也跟着下跌。

巴菲特有一句名言：在别人恐惧时贪婪，在别人贪婪时恐惧。

大家看看，巴菲特大量买进中石油股票时，正是人们恐惧，都不要中石油的股票，股价从20多港元掉到1港元时；当股价涨了10倍以上，当所有人都贪婪，都在抢中石油股票时，巴菲特却卖掉了股票。他是在别人恐惧时贪婪，在别人贪婪时恐惧。

可是大多数人都做反了。我们是别人恐惧时更恐惧，别人贪婪时更贪婪，这样在股市你将赚不到钱。

还有一点，巴菲特投资股票是做长线投资，但他并不是长期持有。他在中石油股价跌过头时买进，在中石油股价涨过头时卖出，这是他的投资理念。前面讲的医生的例子，是把长线投资变成了长期持有。他在该收获的时候没有及时卖掉股票，所以他在股市不赚钱。

如果你想炒股，你该如何选股票呢？

第 24 讲

炒股该注意什么

这一讲谈如何选股票和炒股该注意什么。

我们先来看，美国股神巴菲特是如何选股票的。

巴菲特 1930 年出生在美国奥马哈市，他一辈子就住在那里。他从小就对数字很着迷，6 岁时他姑姑送给他第一个钱包，他特别喜欢，总想往钱包里放钱。于是他花 25 美分批发了 6 罐可口可乐，在路边以 5 美分的价格出售可口可乐，他赚了 5 美分，获得了 20% 的投资回报率。巴菲特从 6 岁时就开始经商，他很有经商头脑。十分凑巧的是，他日后把公司做大，公司每年的平均收益率都是 20% 左右。

巴菲特 10 岁时，父亲带他去纽约旅行。父亲问他想看什么，他让父亲带他去看纽约证券交易所。10 岁的孩子想看纽约证券交易所，真是不可思议。在纽交所里他见到了很多成功人士，他对股票变化特别感兴趣，看到有人跑动有人报价，他感觉这一切太棒了。当时他就对股票着迷了。

29 岁时，他结识了人生中重要的合作者，一位非常有名的投资者，叫查理 · 芒格，他俩合伙创立了一家叫伯克希尔 · 哈撒韦的公司。这是一对黄金搭档，他们在一起合作了60年，他们做出过很多精彩的股票投资。被人们津津乐道的是，这家公司每年收益是20%，你想想看，干哪个行业能赚这么多的钱？因此他俩的故事被人们广为传颂。现在巴菲特89岁，查理·芒格95岁，两个智慧的老人还在经营着这家伯克希尔·哈撒韦公司，公司每年的股东说明会都引起全世界的关注。

直到现在，巴菲特还一直住在奥马哈市的老房子里。当微软总裁比尔·盖茨盖起豪宅后，巴菲特的夫人背着他悄悄装修房子，花了5万美元。巴菲特知道后，他说："老婆子，你知道5万美元是多少钱吗？它可是50万美元一年的利息。你知道你浪费了多少钱吗？"要知道巴菲特可是全世界最富有的人之一，他做了人类历史上最大的一笔捐助，他把大笔的钱都捐给了比尔和梅琳达·盖茨基金会，最后连自己的名字都没有留下。

让我们看看巴菲特的投资理念是什么。

第一个理念：买有价值的公司的股票。

巴菲特认为，投资最重要的是要买有价值有实力的优秀公司的股票，而不要买垃圾股。他投资可口可乐时花了10亿多美元，但他赚了超过100亿美元。他说，买垃圾股最大的风险是这个公司可能会退市。

第二个理念：买简单易懂的股票。

巴菲特说："我要买自己看得懂的股票，看不懂的股票我绝对不买。”他从来不碰高科技公司的股票。当互联网企业的股票高歌猛进时，他说自己看不懂，他不知道这种烧钱的模式是怎么赚钱的。为此他错过了投资谷歌和脸书公司的机会，但他也避免了更多的失败。2000 年互联网泡沫破灭时，他却回归世界第二富豪的位置。

第三个理念：要看公司的基本面。

巴菲特买股票，从来都是看公司的基本面，也就是公司的经营业绩怎么样。他 33 岁时，花了 1 300 万美元买入美国运通公司的股票。

为什么买运通呢？当时社会上出现了一个食品大丑闻，那家食品厂商的贷款来自各家银行，其中就包括美国运通。运通的股价大幅下跌了 50%。巴菲特上街，在快餐馆吃饭，他看人们还是刷美国运通卡，他又到超市看，超市里的人也在刷运通卡。他想这个暴跌可能是短期的，运通公司的业务并没有受损，公司的基本面没有发生变化。于是他投入 1 300 万美元，买入美国运通公司的股票。随后两年，这只股票涨到原来的 3 倍，他净赚了 2 000 万美元。他做了人生特别重要的一笔买卖。

这些就是巴菲特投资股市的理念。那在中国炒股要注意什么呢？

第一点要注意：不要买多只股票。

中国人靠听小道消息炒股，他们入市的钱不多，但买的股票却不少，几乎每只股票都买一点。我在清华教书时，我的学生说："老师，我有 1 万元，买 10 只股票，一样只买一手，你觉得如何？"我说像你这样的人不如办个养鸡场，数鸡蛋更合适。你买这么多只股票，有的赔、有的赚，最后你肯定不赚钱。

他振振有词地说："投资理论告诉我们，鸡蛋不能放在一个篮子里。"我回答道："这么少的鸡蛋，请放在一个篮子里。"

巴菲特炒股，从 11 岁炒到 89 岁，一生只选了 10 多只股票。中国的股民用很少的钱却买了很多只股票，为什么不赚钱呢？就是因为对冲了。

第二点要注意：买了股票别天天盯盘看。

为什么呢？因为如果天天盯着大盘看，就可能拿不住股票。

这里给大家讲一个做庄的例子。

很久以前，我在网上看了一个故事。一个人说，他大学毕业后没有地方工作，正好一家证券公司要招一个人。面试那天，前面排了 5 个人，西装革履，都是从财经院校毕业的，只有他一个人是学理工科的，特别不自信。前边的人一个一个地进去，他想，老板肯定不会要他，可最后不得不硬着头皮进去。

老板问学什么的，他说不是学金融的。问家在哪里，答家在农村。问爸妈是干什么的，答都是农民。问家里人都做什么，答种着一亩三分地。问他在城里住在哪，答租房子住。老板让他把手机号留下。他说他没有手机。老板说就是你了，明天就来上班吧。

他绝没想到，老板最后会选择他。他说："我什么都没有，城里没有亲戚，父母是农民，没有手机，也没法跟爸妈联系，自己还不是学金融的，什么都不懂，但就这样被幸运地选中了。"

上班后，老板告诉他："你记住这只股票的代码。我告诉你，你就盯着这只股票，咱就做这只股票的庄。怎么做呢？只要有人买，你就在高位上卖，只要有人抛，你就在低位上接。只要你能把那些频繁买卖的人都吃掉，我就给你发奖金。你听明白了吗？"

他想这也太容易了，就说："老板，请您放心，这个我会做。"就这样，他按照老板说的，一见这只股票有人卖，他就开始买，一见有人买，他就开始卖。

有一天，他去一家证券公司，恰好见到几个老大爷围在一起，正在议论他做庄的这只股票。他们说："真倒霉，你说咱买的这只股票怎么这样呢？咱买进吧，它就跌，咱抛了，它就涨。这只股票的盘面怎么这样？"旁边一个老太太走过来说："我不识字，我也买了这只股票，只要赚够买菜的钱我就抛了，等它跌下来我再买进，赚够买菜的钱我又抛了。你们都在这儿赔，可我在这只股票上赚钱了。"

他听完这些话，回去之后就辞了这份工作，因为他觉得太残酷了。但他想告诉大家，那些老大爷把所有的钱都赔在这只股票上了，能赚钱的只有那个不识字的老太太。

如果你买了股票，别天天坐在那里看大盘。虽然政府禁止股市做庄，但还是屡禁不止。

第三点要注意：别跟一只股票谈恋爱。

假如有一个年轻的小伙子，和女朋友谈恋爱谈了3年，一天晚上他把女朋友约出来，女朋友很高兴，以为要跟她谈婚论嫁了。没想到小伙子说："你哪都好，就是我们两个人性格不合，你看我们分手好吗？"听到这儿，女士的脸开始沉下来，小伙子掉头就走，女士开始哭，男士越走她哭声越大。我想说的是，这时男士千万别回头，回头会被终生套牢。

人生如此，炒股亦如此。有人买了一只股票，3元买的，5元没卖，10元没卖，15元没卖，18元卖了。如果发现它还涨，这时你千万别追，如果你追回来，这只股票就会跌到底。为什么呢？

你想想看，你都赚了6倍了，别以为你出错了，如果你追回来，你以前赚的所有钱都会赔掉。你知道，你赚的是谁的钱呢？你赚的是这只股票从高位一路跌下来，别人割肉的钱。你在一路捡钱。

你卖了股票，就买不动产，这样你的资产就不动了，而股市的钱是财来财去。

第四点要注意：别满仓操作，一定要留一部分钱。

为什么呢？因为如果你满仓操作，股市向上时，你是合适的，赚的钱多；但股市一旦跌下来，你就会被高位套牢，没有翻身的机会，因为你已经没有资金了。所以，炒股一定要留有余地。

第五点要注意：别丢掉主业炒股，别抵押房产炒股，别借钱炒股，只用闲钱炒股。

2007年的一天，我在深圳坐出租车听广播，这是一个聊天节目。一位女士说："我今天晚上特别忧伤。"主持人问："女士，你有什么忧伤的事吗？"她说："我把自己的房子卖了，拿钱去炒股，可现在股市跌了，我的钱赔了。我既没有房子住，也没有钱了，我只能跟你聊天了。"听了她的故事，我想告诫大家，一定不要借钱炒股，不要拿自己的生活费炒股，不要丢掉主业炒股，一定要用自己的闲钱炒股。

第六点要注意：别加杠杆炒股。

从2014年开始，我国推出了融资融券政策。什么叫融资？就是可以借钱炒股。什么叫融券？就是可以借股票炒股。也就是炒股可以加杠杆，你有1倍本金的钱，银行可以借3倍或者更多的钱给你炒股。大家千万小心，尽量不要借钱炒股，一旦遇上股灾，会赔上一切的。这部分内容我后面会专门讲。

在股市中怎么赚钱我无法告诉你，但股灾来临时，股市是什么样，我可以告诉你股市崩盘时的迹象。

假如你在股市投资了10万元，你发现账户里的钱总是徘徊在8万、9万、11万这个范围，也就是总在10万元上下徘徊。

这时股市没有问题，这是股市在震仓，也叫洗盘，你不需要担心。什么是股市崩盘前的迹象呢？就是你股票账户里的钱越来越多，速度越来越快，股市红一片，又红一片，这就是股市崩盘的迹象。这时你要告诫自己两个字：出货！迅速卖掉股票逃出去。

关于如何选股和炒股应该注意些什么，就讲这么多。

投资股市究竟有几种方式呢？你该如何对待股市呢？

第25讲

参与股市的几种方式

投资股票通常有哪几种方式？

第一种股市投资的方式，是大企业可以走上市融资的道路，可以发行股票，拿到真金白银。

如果你想把公司做大，仅靠银行贷款是不行的，这样速度太慢了。如果有可能，你一定要选择上市融资的道路。你可以发行股票，从股市中融资来发展自己的企业。你看，当今世界500强企业都是上市公司。为什么呢？因为资本市场的力量支撑它们做大了。

让我们举个例子。美国的脸书公司，是全球最大的社交网络，我们来看看它的创始人扎克伯格是怎么通过上市融资做大企业的。

脸书的创始人扎克伯格，1984年出生在纽约。他是80后，在中学时就开始写程序了。他开发过一款软件程序，让他的父亲坐在家里就可以与牙医诊所进行交流。他还开发了孩子们玩的电脑游戏。在高中时，他开发的音乐程序，能让人们一边工作一边听音乐。

2002 年，他考进哈佛大学，学的是计算机和心理学。大学二年级时，他开发了一个程序，让学生们在一堆照片中选出最漂亮的人。他创建了一个网站，放了几张照片，例如，两张男生照片和两张女生照片，浏览者可以选择哪一张照片更棒，并根据投票的结果对照片排序。

没想到，这个竞赛只进行了一个周末，到了周一早晨就被校方关闭了。因为哈佛大学的服务器被挤爆了，学校不准学生再进入这个网站。

他由此发现，原来人们是这么乐于社交。这极大地激发了他的兴趣，于是他开始创办社交网络，起名为脸书。他根本没想到，这个社交网络一发而不可收，成了全美最大的社交网络。

2010 年，他的网站注册用户已超过 4 亿人，同时在线人数超过了 1 亿人。脸书是美国排名第一的照片分享网站，每天上传 850 万张照片，就连奥巴马、英国女王等也成了脸书的用户。

2010 年，26 岁的扎克伯格当选美国《时代》周刊的年度人物。美国《时代》周刊这样评价："如果将脸书联系起来的 5 亿人聚集在一起，人口数量仅次于中国和印度，相当于世界第三大国。此外，这个国家的国民更有优势，因为他们掌握了最多的信息。"扎克伯格自己却说："我只是想让这个世界变得更加开放。"

2012 年 5 月 18 日，脸书公司正式上市。脸书超过了谷歌，完成了硅谷有史以来规模最大的首次公开募股（IPO）。扎克伯格持有公司28.4%的股票，身家近300亿美元。这时的扎克伯格年仅28岁。大家想想看，如此年轻就做成了这么大的世界级上市公司。2017年，扎克伯格以560亿美元居《福布斯》排行榜第五名；2018年，扎克伯格超过巴菲特，成为全球第三大富豪。

通过这个案例，我们看到年轻人要创业需要资本市场的支持。公司在一级市场上市，不仅能获得资金的支持，更重要的是确立了公司在社会上的地位，这会让公司插上飞翔的翅膀。

当今中国的阿里巴巴、京东、百度、腾讯都是上市公司，它们发行股票，企业越做越大。所以，如果你想做大企业，可以走上市融资的道路。

当然，也有没上市的企业，同样做大了。比如华为公司和贵州老干妈公司等，它们就没有上市融资，也做大了公司，而且做得风生水起。所以，不是说非得上市，公司才能做大，而是如果想做大公司又缺少资金，只能走上市这条路。资本市场是一个融资的场所，股市是一条融资的渠道。

第二种投资股市的方式，是买一级市场的原始股。

这里先举个例子。北京某银行，在2007年股市行情好时准备上市。银行领导想，银行员工这么多年辛苦地工作，这次银行发行股票，一定要给大家机会，让他们买一些原始股。

银行领导发话说，我们银行要发行股票了，希望大家都买点股票。领导说，原始股 1 元 1 股，不限数额。银行领导看来不懂经济学，怎么能不限制数额呢？不限数额说明资源不稀缺。消息传到员工耳朵里，大家议论纷纷，说银行效益这么差，上市以后还不知道这股票会怎么样呢。如果买了原始股，白天上班给银行打工，晚上睡觉还替银行赔钱，我们才不会这么傻呢！不买，坚决不买。于是员工形成一致意见，银行发行原始股票，员工坚决不买。

领导的好意大家不领，领导也没有办法，只能如期发行股票了。

猜猜看，这家银行股票上市开盘交易那天，股价是多少？开盘价是 22 元。那一天，银行员工都无心工作了，他们拍着自己的大腿说："为什么我们就没长前后眼呢？如果当时投资 1 万元，现在就是 22 万元，如果投资 5 万元，现在就是 110 万元。煮熟的鸭子怎么就这么飞了呢？"这怨得了谁呢？

如果是你的同学或你的朋友开了公司，他要发行原始股票，你先要看看这个公司属于什么行业，未来有没有潜力。如果有，你买了他的原始股，你的投资就赚了。

巴菲特买股票都是买他熟悉的身边人发行的股票，比如可口可乐和 IBM 的老总，都是巴菲特的老朋友。他熟知这些公司的情况，如果公司出现问题，他马上就会知晓。

所以，我们买股票该买知根知底的公司的股票，而不是蒙着眼睛去买。

第三种投资股市的方式，是做股权投资。

在中国，这是一种新的融资模式，那什么叫股权投资呢？

简单说，就是有些人有钱，自己没有好的投资项目，也不会自主创业，可他身边的朋友的创业项目特别好，比如高科技产品或文化教育产品等等，他就投入一部分钱，占公司一部分股份。这种投资回报远高于在二级市场买股票，所以它备受投资者的关注。

做股权投资最重要是什么呢？最重要的是看这个创始人的素质，看他是否能干成大事。

当然，做股权投资是有风险的。如果赚了钱，公司上市了，你是原始股东就能获得很大收益；如果公司没有上市，你的钱就赔了。股权投资一旦失败就会失去本金，它可不像股票，套住了就放在那儿，只要不退市，下一轮牛市就有可能回本。

据预测，未来10年是中国股权投资的黄金10年。但股权投资的不确定性太多了，如果你想做，就让投资机构代你去做。

第四种投资股市的方式，是在二级市场选好的股票。该选择哪些股票呢？

第一，买稀缺的股票，什么稀缺就买什么。例如，石油、煤炭、天然气，这些是稀缺的不可再生的资源股票。

对人来说，什么是稀缺的呢？是生活必需品。经济好的时候需要吃，经济不好的时候也需要吃，绝不可能经济不好我们就不吃饭了。

你买股票，要买两头，一头你去买那种稀缺资源的股票，另一头你买生活必需品的股票。

第二，买在各自领域形成垄断的公司的股票。

巴菲特说过，一个产品一定要有护城河，而且护城河越宽越好，别人都游不过来，这个企业就能赚钱了。例如，他投资可口可乐，有谁能和可口可乐竞争呢？百事可乐行吗？不行！根本竞争不过。

第三，买文化类产品的股票。

当人们满足了温饱之后，怎么满足心灵的需求？这时就需要文化产品了。现在互联网的音频和视频节目那么火，就是这个原因。

现在是 IP 时代，就是知识产权时代。比如，最近中国有一部科幻电影叫《流浪地球》，这部电影把科幻小说拍成了科幻大片，票房不断创出新高，令国人振奋。但又有谁知道，《流浪地球》的作者写这部小说时多么不容易。他写出来的是一个只有想象力才能达到的世界。但这样的人多吗？他花了多少年才写出这部小说，电影公司又花了多少钱才打造出这部科幻电影？《流浪地球》的知识产权别人有吗？别人能随便模仿和超越吗？所以说，以后最赚钱的行业可能就是知识产权和文化产业了。这类公司的股票将很值钱。

第五种投资股市的方式，是买基金，买股票型基金、私募基金等。

如果前面说的股市投资你都不会，你还可以买股票型基金，让专业人士替你炒股。美国有 2/3 的人都炒股，但多数人都是通过基金来买股票的。相关内容我将在后文详细介绍。

总之，投资股市的道路有很多条，选择适合自己的那一条。

人类历史上有过很多次股市泡沫，最早的一次股市泡沫产生在哪里呢？荷兰郁金香泡沫又是怎么回事呢？

第 26 讲

郁金香泡沫

在人类历史上，股票给经济带来了快速发展，股市给人们提供了一种投资的渠道，但股市泡沫也一次次把投资者推向深渊，一次次让人们经受恐惧。

人类历史上有三次最原始的泡沫，它们是荷兰郁金香泡沫、英国南海泡沫和法国密西西比泡沫。

我想讲的是荷兰郁金香泡沫，让我们来看看人类投资的非理性行为。

每当春暖花开时，人们都爱观赏郁金香，走在花海中，看着千姿百态的郁金香，会让人心旷神怡。但你知道吗，300 多年前发生在荷兰的郁金香泡沫，给欧洲经济带来了一场巨大的灾难，它让无数人倾家荡产。那郁金香泡沫是怎么产生的呢?

郁金香的原产地其实是中国。据说很久以前，骑在骆驼上的中国商人，通过丝绸之路把郁金香带到了土耳其。16 世纪中叶，郁金香又从土耳其传入奥地利。

16 世纪末，有一位园艺家，在奥地利发现了一种非常漂亮的花。他觉得很新奇，就带了一些它的种子，从维也纳来到荷兰。由于荷兰的土壤非常适合这种花生长，在他的悉心栽培下，没多久种子就长成了鲜艳的花，园艺家给它取名为郁金香。

到了1630年，荷兰人终于培育出一些新奇的郁金香品种，郁金香也深受人们喜爱。

17世纪是荷兰最辉煌的世纪，发了财的荷兰人开始享受奢华的生活。他们建起豪华的房子，在院子里种植花卉，请客人到自家花园来欣赏名贵的花朵，这其中就包括郁金香。

开始时，郁金香作为昂贵的奇花，只有富人才买得起。后来传入宫廷，郁金香的高贵典雅风靡欧洲上流社会。郁金香进入宫廷后，成为贵妇们佩戴的奢侈品。当时，巴黎的女人上街，如果谁能佩戴一朵郁金香作为装饰，就会身价倍增。大家都争相购买最稀有的郁金香品种，就这样郁金香的价格被抬了起来。

不知是谁突发奇想，既然富人这么喜欢郁金香，终有一天人们对郁金香的需求会多起来，为什么不现在就囤一批郁金香，等价格高了再卖呢？郁金香的投机应运而生了。有人买入郁金香后，再高价卖给富人。总有人会在高价时接手。

郁金香能成为奢侈品，是因为它品种稀少。怎样才能培育出新品种郁金香呢？这要靠郁金香球茎的变异。郁金香有两种繁殖方法，一种是通过种子繁殖，需要7~12年。另一种是通过郁金香的球茎繁殖。郁金香的球茎就像大蒜一样，栽到地里，每年四五月开花，花期10天左右，到了9月，根部又会长出新的球茎。

那郁金香的球茎又是怎么变异的呢?

郁金香的球茎容易受到一种“花叶病”的非致命病毒的侵袭。一旦感染上这种病毒，郁金香的花瓣就会大大改变。要是能拥有一个感染了病毒的郁金香球茎，用它种植出不同花色的郁金香，就可以赚大钱。越新奇的花色越受追捧，有钱人会出高价买下。

可郁金香球茎一旦变异，其产量就会下降，短期内无法增加供给，于是稀缺品种的郁金香的价格变得更加昂贵。

面对如此暴利，荷兰人被冲昏了头脑，他们变卖家产，纷纷投机郁金香。无论是贵族、市民，还是工匠、船夫，甚至是扫烟囱的工人，都加入了炒郁金香的行列。

为了方便郁金香交易，阿姆斯特丹证券交易所开设了固定的交易市场，人们可以在那里买卖郁金香。短短的一个月，郁金香的价格抬高了十几倍，甚至几十倍。

1637 年 2 月，一株名叫“永远的奥古斯都”的郁金香，售价高达 6 700 荷兰盾，这笔钱可以买下阿姆斯特丹运河边上的一幢豪宅，还可以换 2 车燕麦、4 头肉牛、4 头肉猪、12 只绵羊、4 桶啤酒、2 桶葡萄酒，1 000 磅[①] 奶酪、1 张床。荷兰全民都陷入疯狂之中，以为他们的好日子就要来了。

一位历史学家这样描述当时的荷兰人：“谁都相信，郁金香的买卖将永远持续下去，世界各地的有钱人都会向荷兰发送订

① 1 磅 ≈0.45 千克。——编者注

单，无论卖到什么价格都有人付账。在受到郁金香如此恩惠的荷兰，贫困将会一去不复返。”

郁金香的暴利，吸引了许多人从欧洲各地赶来荷兰，他们带来大量资金，导致郁金香价格猛涨。据说，一个年轻水手错把当时最贵的一个郁金香球茎——“永远的奥古斯都”，当成洋葱配着他的晚餐吃掉了。他并不知道，这个“洋葱”足以使他们全船的水手饱饱地吃上一年。他吃掉了船长一生的积蓄。他吃这个“洋葱”的代价是被船长监禁了几个月。还有一个郁金香种植者，发现家里的牛吃光了他所有的郁金香存货，伤心之下他自杀了。

1637 年 2 月的一天，有一个投资者望着自己买到的郁金香，他问自己：“郁金香交货的时间快要到了，一旦把郁金香种到地里，就很难再转手卖了，要等好久才能长出郁金香。花这么大的价钱买来的郁金香球茎，开出花来到底能值多少钱呢？”他越想越害怕，开始慌了，于是决定把自己手中的郁金香全部抛出。

1637 年 2 月 4 日，这一天所发生的事情，是整个世界金融史上最大的悬案。这件事到底是如何发生的？没人知道。

这天上午，在阿姆斯特丹的交易所里，郁金香的买卖和往常一样顺利进行着。商人们伸着脖子叫价，买主们从豪华马车上走下来，看似与往常并没有什么不同。

当各种交易正在进行时，这个投资者把自己的郁金香合同抛售一空，就这样，郁金香泡沫的第一张骨牌被推倒了。随后，所有人都争先恐后地抛售自己的郁金香合同。

郁金香的市场价格瞬间就跌到冰点。交易所内传出各种歇斯底里的尖叫声，整个阿姆斯特丹沉浸在一种末日的气氛中，郁金香泡沫就这样破灭了。一个星期后，郁金香价格平均下跌90%，很多人破产了。许多人血本无归跳河自杀，有些富翁变得一贫如洗。

最惨的是那些借钱购买郁金香的人，他们以为，这些贷款只要用他们投机所得的零头就可以还清，可现在他们却破产了，失去了全部的家当。荷兰从天堂一步就跌入地狱。人类历史上第一个投机泡沫破灭了，但历史书籍关于这一事件的记载很少。

发生在300年前的这件事，和我们今天炒股有什么关系呢？这里不是讲述一个危言耸听的故事，而是想告诉大家，人类的投资行为是非理性的。很多人自己没有主见，看见别人怎么做就怎么做，看见别人投资什么就跟着投资什么。这个故事是让我们长见识，知道什么是股市泡沫，怎么避免陷在里面。

让我们分析一下，荷兰为什么会发生郁金香泡沫。

第一，郁金香的稀缺性。

现在，人们为什么不去炒郁金香了？那是因为遍地都是郁金香，还需要炒吗？经济学研究的是稀缺，因为郁金香稀缺，有钱人都想拥有，但供给不足，所以就出现了郁金香价格猛涨的现象。

第二，价格猛涨的郁金香让人们有了想象的空间。

荷兰人认为，全世界的钱都会流向荷兰，荷兰从此将告别贫困，所有人都梦想着一夜暴富，郁金香的价格怎么涨都是可以接受的。人们炒的是预期——万一在我手里的这个郁金香球茎能开出与众不同的花朵，我就可以一夜暴富了！

第三，羊群效应和博傻行为。

羊群效应就是只要有一只领头羊跑起来，其他的羊也会不假思索地一哄而上。羊群效应被用来比喻人人都有的一种从众心理。

博傻理论是指，不管一个东西的价格多么不合理，人们都愿意用高价买进，因为人们预期会有一个更傻的人用更高的价格把这个东西买走。博傻理论告诉我们一个重要的道理：傻子不可怕，可怕的是做最后一个傻子。

荷兰人购买郁金香完全变成了投机行为，开始时是羊群效应，最后是博傻行为。

只要稍微有一点头脑的人想一下就会知道，一个郁金香球茎怎么能和一座豪宅相比呢？可这时谁还会正常思考呢？

第四，现金流充裕。

由于郁金香价格暴涨，吸引了许多人从欧洲各国赶到荷兰，他们带来了大量的资金，为郁金香的交易推波助澜，火上浇油。

第五，荷兰金融业的发达。

荷兰有证券交易所，为投机交易提供了平台。人们交易的不是郁金香实物，而是买卖郁金香的合同，很容易买进卖出，投机者可以从中套利。

以上分析表明，郁金香泡沫的产生有人类投资行为的非理性因素，也有大量资金和金融平台配合的因素，这些因素共同导致了郁金香泡沫。

那么，我们从中吸取的教训是什么呢？那就是做股市投资一定要理性一点儿。

第27讲
美国1929年股灾

这一讲我们来谈美国1929年的那场大股灾。直到今天，人们提起美国的那场股市大崩盘都还心有余悸。美国1929年的股灾是如何发生的？

第一次世界大战时，美国通过战争发了横财。战后，美国由债务国变成世界上最大的债权国，纽约也取代伦敦成了世界的金融中心。美国经济的突飞猛进，给美国股市带来了一片“牛气”，民众的热情被激发出来，入市炒股成了美国全民的投机行为。因为股市行情好，年轻人买股票根本就不知道什么叫赔。买了股票后，股价就一直升，美国股市持续上涨。

到了1928年，股市近乎疯狂，纽约股市一涨再涨，所有人都没有料到，也不会想到，股市泡沫会有破灭的那一天。有人会问，美国在第一次世界大战后，经济发展情况不是很好吗？为什么会发生股市大崩盘呢？

20世纪20年代，美国人确实有钱了，那有钱后干点什么好呢？他们觉得干什么都不如买股票赚钱。当时美国有很多技术发明，比如汽车的无线装置、各种电器、石化产品等等，只要这些公司效益好，股价就会涨，买这些公司的股票就会赚钱。

美国人开始想，这是一个人人都能赚钱的时代，既然不能开公司赚钱，那我可以买这些公司发行的股票来赚钱。

于是，数百万美国人怀着发财的梦想，纷纷购买股票，这在美国还是头一回，那时美国的普通百姓都可以从银行借钱炒股，于是美国人开始疯狂炒股。从 1924 年到 1929 年，连续 5 年股票的价格持续上涨，道琼斯工业指数上涨了 3 倍多。股价越涨，买股票的人越多。

到 1929 年年初，美国股市的狂热已失去控制。欧洲的投资者看到美国股市赚钱，也把钱投到纽约股市，大量资金像潮水般涌入纽约股市，这使得股价越炒越高。公众失去了理智，根本就没有人怀疑股市这么涨有什么问题。

当时有一个金融家对疯狂的股市提出异议，却遭到猛烈攻击。他提醒人们："我重复去年和前年所说的话，股市崩溃迟早要来临。"人们却嘲笑道："他的见解和他本人一样其貌不扬，了无新意。别听他的！"

其实，美联储已看到了风险。1929 年春天，美联储准备加息抑制股价暴涨。却遭到各大银行、金融机构、股市经纪人和经济学家的反对。他们反对抑制股价。在巨大的压力下，美联储妥协了，股市重新活跃起来。

有一家名叫联邦发起人的公司，它很好地利用了贷款投机的狂热，公司成立时仅有 500 美元资产，在短短几个月内就急剧膨胀为 10 亿美元。那段时间，连业绩最差公司的股价也会涨一倍以上。

每当股价高涨，投机达到疯狂时，人们的心理承受能力就会非常脆弱，任何一点风吹草动都有可能引发市场恐慌。1929 年 9 月 26 日，一件事的发生引发了纽约股市大跌。这件事是英国那边出了问题。

英国政府看到本国资金都流向纽约股市，这怎么行呢？英国经济发展也需要钱，凭什么让美国股市把资金都吸引走呢？于是英格兰银行想出了一招，它宣布：将英国的银行利率提高到 6.5%。这一招果然有效。

在 1929 年 9 月 30 日，伦敦就从纽约股市撤回了数亿美元的资金，这导致美国股市大幅下跌，出现了股市中资金流动性的短缺，炒股的钱少了。

有人会问了，为什么银行的利率一升，股价就会跌呢？想想看，如果你把钱存银行，银行每年给你 6.5% 的回报，这么高的回报率，你还炒股干什么？所以要记住，利率上升股市会跌。

10 月 24 日是一个黑色星期四。美国纽约股市突发性崩盘。开市后仅仅两个小时，股市就损失了 100 亿美元。股价下降速度非常快，所有股票都被狂抛出来，投资者都处于恐慌之中，人们慌不择路地往外逃，美国股市大灾难就这样开始了。在这一天，有 11 名证券市场投机老手自杀身亡，因为借银行的钱还不上了，他们输掉了全部。

当天 12 点，股市午间收盘时，华尔街的金融大鳄们聚集在一起，紧急商议该怎么办。在下午 1 点 30 分股市开盘时，纽约证券交易所的总裁走到交易大厅，全场都静了下来，只见他购买了美国钢铁公司这只在市场上领跌的股票。总裁带头购入股票，想告诉大家股市没有问题。

股价马上就停止了下跌，看来金融家们的努力有了效果。

然而，这些金融家想得过于简单了。这个市场太大了，一旦人们产生了心理恐慌，股市是无论如何都控制不住的。第二天，美国总统胡佛见大势不好，马上出来发表声明说，大家不要慌，美国经济发展良好。总统想用这些话来阻止股市暴跌。

紧接着美国财政部和一些经济学家、银行家以及各大城市的报纸，纷纷向公众保证：股票价格下跌的问题不大，人们现在应该拿出更多的钱来投资，这对国家经济是有好处的。此时美国股市暴跌已箭在弦上，所有努力都无济于事了。

恐慌性抛售在 10 月 28 日星期一又开始了。美国股市再次惨跌，道琼斯工业指数下降了 12.9%。10 月 29 日，最黑暗的一天到来了。纽约证券交易所一开盘，抛单就从天而降，投资者踩踏式逃离，道琼斯指数一泻千里，从最高的 386 点跌至 298 点，跌幅高达 22%。美股创造了一天就有 1 641 万股成交的历史最高纪录。

这一天是纽约证券交易所 112 年的历史中最糟糕的一天，也是最黑暗的一天。任何力量都挽救不了股市了，美国股市已经彻底崩盘了。

说到崩盘，也许有人会问什么叫股市崩盘。股市崩盘是指只有人卖出股票，没有人买进股票，不管股价多低都没有人买进，股价直线下降到谷底，这就叫股市崩盘。

仅仅两个星期，美国股市中300亿美元财富蒸发了，美国在第一次世界大战中也不过花了300亿美元。本来只影响少数人的股市，后来影响了全体美国人。在那场股灾中，美国有1 300家银行倒闭，3 700万人失业，5 300家公司破产，无数人流离失所，上千亿美元付诸东流，生产停滞，百业凋零。

1933年美国的失业率是24.9%，1934年达到26.7%，每4个人中就有1个人没有工作。在这场股灾中，几乎所有人都面临破产，数以千计的人跳楼自杀。应该说，这是美国建国以来最悲惨的事件。

美国股市这次大崩盘，引发了美国有史以来最大的经济危机，它像一副多米诺骨牌，引起了连锁反应，致使美国和西方国家在20世纪30年代陷入经济大萧条。

这场股灾不仅给美国经济带来了巨大的损失，也使世界经济陷入大衰退之中。世界经济陷入泥潭，各国很久都爬不出来。至今想起这场股灾都让人倒吸一口凉气。

美国这场股灾说明了什么？给我们带来了什么启示？

在1929年股市崩盘前，有一天一个大银行家在路边擦皮鞋，那擦皮鞋的小伙子一边给他擦皮鞋，一边跟他大谈股市如何赚钱，买哪只股票更赚钱。皮鞋擦了好长时间，擦皮鞋的小伙子都没抬起头来看他一眼。

那天晚上银行家回家后想，连一个擦皮鞋的人都知道股市能赚钱了，这股市不是太热了吗？于是，他当机立断，转天一早卖出了自己手上所有的股票。

在这场股灾中，只有像他这样的少数人幸存下来，多数人都在这场股市大崩盘中血本无归，很多人甚至因此跳楼自杀。美国纽约饭店流传着一个黑色幽默。有人进来说：“女士，给我开间房。”女士问：“先生，您是住宿呢，还是跳楼？您要住就住一楼吧。我们这每天都有人跳下去。”

这个故事说明了什么？股灾来之前不是没有迹象的，你想想看，一个擦皮鞋的人怎么会关心股市呢？如果连他都知道股市赚钱，那股市不是太热了吗？如果大家都来炒股，那是谁赚谁的钱呢？

还有一点应该考虑。美国股市已经连续涨了 5 年，股价一涨再涨，哪有只涨不跌的股市呢？企业的效益再好，也不会涨起来没完。股价上涨是公司业绩支撑的，是公司效益的好坏决定的。这个公司有实在的利润产生吗？有给股东分红吗？如果都没有，股市就在炒泡沫，这只股票就不值钱。不值钱的股票虽然可以炒上去，就是在炒泡沫。大家都在击鼓传花，看最后传到谁的手里。

一只股票有泡沫没关系，就怕所有股票都有泡沫，那就有问题了。股市有了泡沫就一定会破，只是时间早晚的问题，谁都挡不住。

所以，当你炒股时，一定要注意股市有风险。要在股灾发生之前赶快逃，别在那里博傻，别让事实证明自己更傻。

第 28 讲

2007 年中国股市暴涨

上一讲谈了美国 1929 年的股市大崩盘，这一讲我们谈谈 2007 年中国股市的暴涨。温故而知新，了解 2007 年中国股市暴涨，是为了看清眼下的中国股市将何去何从。

回顾中国的股市发展，从 2001 年国有股减持开始，中国股市走了 5 年漫漫“熊”途。从 2001 年到 2005 年，上证指数从 2 247 点跌到了 998 点。当时人们都认为 1 300 点就是谷底了，没想到股指竟然击穿 1 000 点，7 000 万股民手里超过一半的钱蒸发了，大多数人都在高位套牢 5 年之久。当所有人对股市一片茫然时，中国股市竟然绝处逢生。2006、2007 这两年，上证指数从 2005 年的 998 点涨到 2007 年的 6 124 点，股指净增了 5 倍多。

究竟是什么原因导致了中国股市 2007 年的那一轮暴涨？

主要有四个原因。一是股权分置改革的完成，二是国外资金大量涌入中国炒股，三是基金规模的壮大，四是中国开始全民炒股。

让我们一一说明。

第一，股权分置改革的完成是这轮股市暴涨的重要原因。

2001 年 6 月 23 日，国家推出国有股减持计划。国企上市时，国有股和法人股占 51%，这部分是不允许上市买卖的，其余 49% 的股票可以买卖。这样做是为了国家绝对控股。

那为什么要减持国有股呢？

20 世纪 90 年代末，国企效益不好，生产出来的产品卖不出去。与其这样浪费资源，还不如让工人下岗回家。这个消息传到了上海某纺织厂，那的工人想不通，认为我们的改革也太残酷了。中央领导认为怎么能让工人有情绪呢？于是马上赶到上海，去了这家纺织厂。进去后发现工厂已停工，工人们喝着茶水，嗑着瓜子，看着报纸，还雇乡下人打扫卫生。领导见到这种现象，生气地说："都下岗回家去，国家坚决不养这样的人。"

于是纺织厂召开座谈会，会上纺织女工代表发言说："国家决定让我们下岗，我们不反对，我们只想问问，国家建设的 156 个大项目，有我们纺织工人的贡献吗？过去我们一直低工资，没有养老金，没有保险，也没有房子，如果下岗了，我们孩子的教育经费怎么办？我们的生活怎么办？"领导一听，觉得工人说得有道理。那怎么办呢？让工人下岗，国家得有一个社会保障账户，作为一个大的资金蓄水池。如果工人失业下岗，可以先从这里领钱。这个计划很好，但钱从哪里来呢？想来想去，就想到了上市公司的国有股，决定从国有股减持中拿出 2 万亿元，首先减持 1 万亿元放到蓄水池中。于是 2001 年 6 月 23 日，我国开始实施国有股减持计划，首先减持1万亿元。听到这个消息，股市却炸开了锅。为什么呢？因为当时是按照股票的市场价格减持的。什么叫股票的市场价格？比如，首钢股份当天的收盘价是5元，兖州煤业的收盘价是10元，青岛啤酒的是15元，就以2001年6月23日的股市收盘价为基准来减持国有股。

政府没有想到，当减持令发出后，股价开始大跌，跌得所有人都心慌。股市整整跌了一年，在2002年6月23日这天，国有股暂停减持，但暂停了股民也不炒股了，股市就是有这样的个性。

股市还是继续下跌。从2001年起一连走了5年的熊市。到2005年，国家推出了股权分置改革计划。

什么叫股权分置改革？国有上市公司减持的部分股票暂时不许卖出，一年后才可以卖。也就是说，国企这些原来不可流通的股票，在限售期内不能卖，等解禁时间到了，才可以分期分批一点点向外卖。这一改，国有股当然高兴，因为当年是一两元买的股票，股票全流通就是市场价了，它们赚大了，股东也愿意。这次股改是成功的，至少股民心里不慌了。

股权分置改革为股市提供了上涨空间，这是一个大利好。还有一个利好就是2008年奥运会召开在即，百年一遇的机会，经济上不会有问题。带着这样的心理预期，大资本知道机会来了，它们开始进场。

第二，境外资本进入是导致股市暴涨的重要原因。

境外资本经历过美元和日元升值，它们清楚一国货币升值意味着什么。于是就千方百计地进入中国。它们把一部分钱投在房产上，另一部分钱投入股市，在股指 1 000 多点买中国股票很安全。它们来抄中国股市的底。据不完全统计，那一年就有上千亿美元的资金从各种渠道流进中国股市。

第三，基金规模壮大也是股市暴涨的重要原因。

股市开始热了，基金开始好卖了，而且规模越来越大。到 2006 年下半年，中国股市波澜壮阔的行情开始了。

第四，民间储蓄进入股市，全民炒股是股市暴涨的原因。

当看到股市赚钱，原来有 7 000 万人炒股，到 2007 年年底，在证券公司开户的就达到了 1 亿人，于是全民炒股开始了。据说，有一位女士用 2 万元买了股票，3 年后，也就是 2007 年，她的 2 万元变成 2 000 万元，她买了 4 套别墅。

还有一个人，听到消息去买股票，别人告诉他股票代码，他就去买了，没留神下错了单，买错了一个号，不是别人告诉他要他买的那只股票。他回来后很沮丧。但没想到他买的这只股票连拉 3 个涨停板，3 天他赚了 33%。

2007 年的中国股市，就牛成这个样子。

股市先从 1 000 点涨到 1 500 点，涨了 50%，之后又从 1 500 点一口气冲上了 4 000 点，几乎是只涨不跌。让人不可思议的是，不到一年，我国中央银行上调了 7 次存款准备金率，这是央行最厉害的货币手段。每上调一次准备金率，就能冻结市场供应资金 1 500 亿 ~2 000 亿元。结果却是每调一次，股市就涨一次，再调一次再涨一次。

政府一看，无论如何都控制不住股市上涨，怎么办呢？

于是，2007 年 5 月 30 日夜，政府突然宣布提高印花税，这就是著名的股市 5 · 30 事件。股市开始了一轮暴跌。

大家知道，中国人炒股没有证券税，就用印花税代替。原来缴税 1‰，现在缴税 3‰，买和卖都要多缴税，印花税提高了 300%。股民们抱怨说，政府怎么能深更半夜敲门找我们要钱呢？

2008 年，不到半年时间，股市就从 6 000 点暴跌到 3 000 点。股市中一半的钱蒸发了，股民损失惨重。那股市暴跌的原因是什么呢？难道仅仅是政府提高了印花税吗？这仅仅是导火索，真正的原因是股市中的泡沫炒大了。

什么是股市泡沫呢？

大家还记着我前面讲的例子吗？我发行股票，上市成功了，5 000 万元我拿走了，留在二级市场的是我的股票，也叫有价证券。我的股票发行价是 1 元钱，这只股票有可能涨到 5 元钱吗？有可能。有可能涨到 10 元钱吗？也有可能。

那我这只股票到底值不值 10 元钱呢？要看企业经营的好坏，看公司的业绩。如果公司效益好，真的赚了钱，这只股票确实值这么多钱。如果我的股票被炒到 10 元钱，那我公司的资产应该值 5 亿元。如果我的公司不但没有赚钱，反而亏损了，这只股票升到 10 元就有水分，虚假的部分就被称为泡沫。

让我们用一个比喻来说明股市泡沫是怎么产生的。

喝过啤酒的人都知道，当你打开啤酒瓶盖儿，一瓶啤酒就是一瓶啤酒的容量。但是，当你把啤酒倒入酒杯，就会出现泡沫，倒得越快，泡沫就越多，很快就会溢出来。等一会儿泡沫就会消失，再看杯中的酒，只剩下一半或者更少了，那些泡沫不见了。

本来只有一瓶啤酒，如果你拿着它不停地摇，这瓶酒可以倒很多杯，大家都可以喝上一口，但你喝下去的不全是啤酒，还有泡沫，因为酒只有一瓶。

股市泡沫就是这样产生的。企业效益不好，业绩很差，可不断公布好消息，买的人越来越多，泡沫就越吹越大。最后人们发现股票不值这个价钱，开始抛售，这只股票的泡沫就破了。一只股票有泡沫不可怕，可怕的是股票市场全是泡沫。

从 2006 年到 2007 年，上证指数从 1 000 点涨到 6 000 点，股市上涨了 5 倍多。经济好到企业效益翻了 5 倍吗？没有。如果没有的话，那股市炒的就是泡沫，泡沫多到一定程度，必然破灭。还有一个非常重要的原因，最后接盘的都是没钱的人，他们也来炒股了，中国股市当然要崩盘了。

在一次工商管理硕士沙龙上，有个学生说他看到的数据是：在 2007 年 3 月，到证券公司开户的人手里基本上都有 7 万元，5 月，开户的人手里有 4 万元，7 月，开户的人手里大概只有 2 万元。当时手里只有 2 万元的是什么人？是有钱的人还是没钱的人？

当只有 2 万元钱的人开户去炒股的时候，是什么样的人进入了这个股市？这意味着什么？还有谁在后面接盘？股市离崩盘不远了。

中石油回归内地，发行价是13元，但是开盘那天，以48元高开之后，一路走低，中国股市开始暴跌。

2007年的股市，开始是股改后利益空间的诱惑，后面是奥运会信心的支撑，中间夹着人民币升值，这三大动力吸引资金撑起股市。但是炒着炒着就炒过了头，炒出了泡沫，泡沫越炒越大，最终泡沫破灭了。奥运会还没有开，股市就下跌了。

资本市场的特征就是矫枉过正。股市涨的时候涨过头，股市跌的时候跌过头，这一跌中国股市就在熊市中度过了6年，直到2014年下半年股市才抬起了头。

那么，2015年的股灾是怎么发生的？加杠杆炒股者的财富是怎么消失的？

第 29 讲

2015 年中国大股灾

这一讲我们谈 2015 年 6 月的那场大股灾。时间虽已过去近 4 年，但人们对这场股灾记忆犹新，那种千股跌停、千股停牌、一片惨绿的印象是挥之不去的。入市的人卖不出股票着急，没入市的人每天都像在看大片似的，都在看政府怎样救市。

2015 年，国人经受了股市的恐惧与无奈，政府使出浑身解数去救股市。从 6 月到 8 月，股价从 5 178 点跌到 2 850 点，股市蒸发了近一半市值，股价被拦腰斩断，股民的财富大幅缩水。

应该说，2015 年这次股灾是自中国有股市以来，最为严重的一次股灾，也是政府花最大力气救市的一次股灾，还是给投资者带来损失最惨重的一次股灾。2015 年的中国股市，现在回想起来还令人后怕。

这场股灾是如何发生的？

从 2008 年到 2014 年，6 年来中国股市都处在熊市中。2014 年两会后，政府出台了许多新举措，让大家看到了希望。中国梦、一带一路、互联网 +、货币政策降准降息，这些都在向人们昭示，中国新经济增长时代要来临了。各种媒体都在为股市摇旗呐喊，股市由此开启了牛市的序幕。

这里不得不提的一件事，就是融资融券。其实 2010 年这项政策就已推出，但股市没行情，融资融券没多大动静。到了 2014 年下半年，融资融券开始火了。

什么叫融资融券呢？简单说，可以借钱炒股叫融资，可以借股票炒股叫融券。融资融券相当于炒股加杠杆。

投资者借钱炒股时，需要交一笔保证金给银行或者券商。保证金押在那儿，如果股票跌过保证金就会强行平仓，投资者的钱就 100% 损失了。2015 年那场股灾，应该说都是加杠杆惹的祸。

这里举一个加杠杆炒股的例子。

浙江有一个小伙子，他是 80 后，一直经营着父亲给他的企业，做的是实体经济。他对炒股从来不感兴趣，认为股票这东西看不见，摸不着，他坚决不炒。在 2015 年上半年，券商找到他说："先生您炒股吧。"他说："不，我不炒股。"券商说："您炒吧，现在股市行情特别好。"他说："我不会炒股。"券商说："我们教您怎么炒。"

他禁不住劝，同意先拿点钱试试。没想到他拿出 100 万元入市，很快就在股市里赚了 100 万元，他完全惊呆了。他想，股市赚钱这么容易，自己以前怎么就不知道呢？于是，他把企业卖了，把所有的钱拿去炒股。他还是建了一道"防火墙"：他给妻子 100 万元，告诉妻子别加杠杆，自己的钱加杠杆。夫妇俩开始了炒股的生涯。

很快，妻子在股市赚了 450 万元，他赚了 2 400 万元。

一天中午，他回到家，妻子对他说：“你做企业这么多年都不赚钱，咱家住这么小的房子。现在炒股赚钱了，你拿出一部分钱，咱们买套新房行吗？”

他觉得妻子是妇人之见，终于找到了一条赚钱的路，怎么能卖掉股票买房子呢？他不干。妻子劝他说：“你不用多卖，只卖一小部分，行吗？求你了！”他坚决不干。两个人吵了一中午，丈夫一气之下冲出家门。妻子的脾气也很大，等到下午股市开盘时，她把自己手里的股票全部抛出，立即就去买了一套新房。

没想到，第二天股灾就来了。小伙子坐在电脑前，看着自己的股票从 2 400 万元的市值直接变为零。他被券商强行平仓了。什么叫平仓？就是券商替他把股票都卖了，为了保证券商借给他的钱不赔，他的钱全没了。他对着电脑，愣在那儿，大脑一片空白。完了！全赔光了！自己这些年辛辛苦苦挣的钱都没了，企业也没了，怎么办呢？不想活了！不能活了！于是他想到了死。

但他转念一想，不行，死之前怎么也要先回家看看，跟妻子告个别。于是，他站了起来走回家，推开家门，看到妻子，他说：“对不起，没听你的话，我把股市里的钱都赔光了，我不想活了，只想回来跟你告个别。”

妻子说：“千万别做傻事！幸亏咱俩吵架，我把自己的股票都抛了，买了房子，现在咱家有了一套大房子。”丈夫扑通一声给妻子跪下了。在这里奉劝中国的男士们，炒股一定要听妻子的话。

在2015年那场股灾中，据说有60万中产阶层一夜之间不见了。因为他们炒股加了杠杆，股市突然下跌，他们的保证金没了，股市平仓或爆仓了，很少有人能幸免。

我想告诉投资者，如果你没有经验，炒股尽量别加杠杆。加了杠杆，赚钱时加倍，赔钱也是瞬间完成，只要股市跌一点，你的钱就彻底赔光了。

让我们看看如何加杠杆。例如，有人拿300万元炒股，券商说300万元太少了，我们给你加3倍杠杆，借你900万元炒。场外配资说，900万元多没意思，我们给你加10倍杠杆，借你3 000万元去炒。

如果股市涨时，他可以多赚10倍的钱，但如果股市跌了，他买的股票只要跌1个跌停板，下跌10%，他的股票就爆仓了，他的300万就全没了。普通百姓怎么能够随便加杠杆呢？谁想暴赚就意味着暴赔。

2014年年底，股市的融资额是1万亿元，到2015年6月，股市融资额是2.3万亿元，翻了一番还多。这么大的数额，中国有多少人是在借钱炒股？

这仅仅说的是场内融资，如果再加上场外配资数额，这个数字就更大了。

2015年夏天，对投资股市的人来说一定是刻骨铭心，那时的股市是一种奇观，每天都有 1 000 只股票跌停，1 000 只股票停牌，1 000 只股票复牌。

为什么千只股票跌停？因为加杠杆买股票的人要平仓，要卖出股票，所以股票会千只跌停。

为什么千只股票停牌？因为不停牌就有可能跌停，索性停了牌，不交易，股价就不会动，这样可以让股民放心。

为什么千只股票复牌？没理由停牌就只能复牌交易。那时上市公司的董事长秘书，为了让公司股票停牌，要绞尽脑汁想出股票停牌的理由。停牌原因也是五花八门。

有这样一个笑话。一天，一个董事长秘书对证监会说，我们董事长生孩子了，公司股票需要停牌。要求被批准了。第二天，股市行情发生反转，这个公司想马上复牌。公司的理由是，董事长生完孩子了。证监会就问："难道你们董事长不坐月子吗？回去等着，坐完月子再复牌吧。"这样的笑话太多了。有的公司找不到继续停牌的理由了，就只能复牌交易。

当时流传着这样的笑话：如果你能在股市熬 3 个月，把 2015 年 6 月到 8 月这 3 个月的股市交割单拿到北大或清华来，你不需要读书，学校可以立刻授予你金融硕士学位，你可以毕业了。可见股市暴跌时的煎熬一般人都扛不住。

有人这样形容当时的股市：如果投资者入市的钱，足以买一辆奥迪汽车，入市后这辆车就会变成一辆奥拓车，等从股市出来时，就会变成一盒奥利奥饼干。这说明股市财富缩水有多严重。

为什么这场股灾如此惨烈呢？就是因为中国股市是一个不成

熟的股市，散户太多，占了炒股者的70%。散户多的市场，人们是不理性的，容易产生羊群效应和从众心理。还有就是中国人炒股不看股票好坏，而是看股票价格涨得快或慢，他们不买绩优股和大盘股，专买小盘股和垃圾股，投机性太强了。尤其是还可以借钱炒股，他们觉得赚钱如此轻松容易，哪里知道这里的风险有多大，一旦失败赔上的将是他们一生的积蓄。

这次股灾最重要的原因就是加杠杆，最后爆仓，财富归零。

当股灾来临时，大家都想从股市逃出来，都想卖掉股票，但是谁来接盘呢?

如果政府不出来救市，这场股灾会演变成一场金融危机，那样的话，就不仅是股市出问题，还会牵涉银行、保险、基金、信托、国债、利率等等。

为了防止股价指数继续下跌，政府果断出手，带着大量资金入市。一场波澜壮阔的股市保卫战开始了。这场保卫战打得极为艰难，当时国人表现出了生死与共、为国护盘的精神，甚至还有很多人站出来表示不卖股票。

政府救市的艰难在于，市场抛单像潮水一般，其中一只股票就抛出了80亿元的卖单，国家只能买下。国家买入100亿元股票，1 000亿元股票，1万亿元股票，1.5万亿元股票，直买到1.7万亿元股票时，终于止住了股市的恐慌。

中央银行保证，将源源不断供给资金并采取了降准降息等措施。股市在2 850点站住了，至少中国股市没有崩盘，这是不幸中的万幸!

理论上说，政府是不该介入股市的，但到了非常时期，如果见死不救，中国股市就会崩盘，加杠杆的会继续爆仓，从10倍开始爆，到5倍，爆到1倍时，银行就扛不住了。银行的钱是储户的钱，这会引起银行证券和保险基金遭到赎回和取出，一场更大的灾难就在眼前了。

因为我国政府救市，国家入市买股票，就把灾难锁定在股市里，风险没有向外蔓延。到了8月，股民的恐慌情绪渐渐稳定。

国家在股市3 700点上接的盘，有政府在为股市托底，最危险的时刻已经过去了。

这场股灾告诉了我们什么？

我国的股市是一个散户的市场，投机的市场，加杠杆的市场。如果再有一次牛市来临，你该怎么做呢？你还要加杠杆吗？你会对自己的投资负责任吗？你能不从众，不在股市中博傻吗？

我们又该吸取哪些教训呢？如果你不贪婪，赚了钱就走，你会输吗？你不是没赚钱，只是错过了出货的机会。如果你不加杠杆，不加到10倍杠杆，你会输掉本金吗？如果你不投机，不买垃圾股，你会在高位被套牢吗？如果你不借钱炒股，你会心慌到无论如何都得出货吗？吃一堑长一智。遗憾的是，人类对痛苦的记忆只有7分钟。为什么有人投资总是失败，就是因为好了伤疤忘了疼。

那么，2019年中国股市的行情怎么样呢？我们该怎样判断股市的趋势呢？

第30讲

教你判断股市趋势

一

上一讲谈了2015年6月发生在中国的那场大股灾，这一讲我想和大家谈谈如何判断股市未来的走势。

讲三个问题。第一，如何看趋势买股票。第二，对2019年股市的行情怎么看。第三，谈谈中国股市未来的走势。

这里先给大家讲一个真实的故事。

2004年我在深圳，课后的一个晚上，有一个学生推荐他的朋友来见我。我在酒店大堂等他。只见来的人很年轻，他见到我之后就说："老师，您一定不会相信，我这么年轻就当了老板。我说说自己的赚钱经历，也许会对您的教学有帮助。"

他说："我是学工科的，20世纪90年代大学毕业后就在北京找了一份工作。1998年，我看了一张证券报，一看股市点位怎么这么低呢？我认为这是中国股市的一个谷底了，我可不可以投资股市呢？如果投资股市我肯定能赚钱。可我手里没有资金，怎么办呢？

"想来想去只有一条路，就是找家人借钱炒股。于是，我回到山东老家找到我哥，他是做海上渔业贸易的，做生意20多年赚了很多钱，他一定有钱。可我不知道我哥借不借我，心里没底儿。

“我说，哥，我想找你借点钱行吗？哥问，兄弟，借钱干什么？

“我说，哥，你能别问那么多吗？你就说借还是不借吧？我哥心想，家里就出了我这一个大学生。就说好，我借给你。又问，兄弟，你准备借多少？我张口就说 5 000 万！哥一听愣住了，问我，你做什么生意需要这么多钱？能告诉哥吗？哥帮你判断一下怎么样？我生气地答道，你别问了，你直接说借还是不借？最后我哥想了半天，一咬牙，就把 5 000 万借给了我。我高兴地回到了北京。

“那时的我一点做股票的经验都没有，我只是判断了大势，我认为这是中国股市的谷底，都跌这么惨了我可以抄底了。于是我就把 5 000 万元全拿出来，5 000 万元的股票仓位我全买满了。买完之后，我心想，就等着赚吧，心里美滋滋的。

“没想到事与愿违。当我买进 5 000 万元股票后，股市就一直跌，一直跌，直跌到我只剩下 800 万元，跌去了 80% 还多，损失了 4 200 万元，这有多惨。结果我公司的人都走了，桌椅板凳也全卖了。

“一天晚上，我实在想不开，我哥辛苦 20 多年赚的 5 000 万，让我这么短的时间全赔光了！我无法再面对他。怎么办呢？我也无法面对自己。我怎么能这么盲目做事呢？难道我真的做错了吗？我开始怀疑自己，怀疑人生，我陷入极度痛苦之中。

“我躺在地板上，左边趴着一只狗，右边躺着我的司机。我问了司机一句话，你看我还行吗？司机看了我一眼，大声说，老板，我看你还行！就是司机的这句话，让我有勇气活下来。我咬紧牙关，终于等来了5月19日的大行情。

“炒股的人都不会忘了1999年5月19日，这天中国股市爆发了一轮大行情。每天股市开盘都是红一片，每天都是涨停板。”

他接着说：“我赚得太多太多了。我就不告诉你我赚了多少了。

“当我回到老家，把5 000万元还给我哥时，他说了一句，兄弟你真行！不愧上了大学，你真有本事。哥辛苦这些年赚的钱，你在这么短的时间就赚到了，哥太佩服你了。但我哥绝对想不到，我在股市赔钱、几乎崩溃的那一瞬间。”

听完这个故事，我思考了很多。

这个人看好中国股市，但他经历了恐惧的考验，也禁受住时间的考验。这个人投资的是中国股市的大趋势，他做了长线，只是进去的时间早了点，股市跌过了头，很快他又赶上了股市涨过了头，他才赚到钱。这就是在股市里能扛得住多重要，能判断大势多重要。有人在2007年投资赚了5倍，他是靠自己的本事赚的，还是大势让他赚的呢？其实我们每个人都是赚趋势的钱。

有人问我对2019年的股市行情怎么看，我想先问几个问题。

第一个问题：资本市场的资金充足吗？

眼下资本市场的资金应该说相当充足，股市并不缺钱。外资继续进入中国股市。美国的股市处在高位，道琼斯指数在25 000点之上，中国的股市处于低位，指数在3 000点上下，中国股市更有机会。在这种情况下，国际资本就会从美国股市撤出，悄悄进入中国股市来抄底。

2019年以来，外资流入中国股市的金额持续创出历史新高。每一次中国股市的大涨都有外资的身影。如果没有大资本和国外资本的造势，国内投资者可能就没有胆量，必须有领头羊的力量才有可能产生大行情。我们看一个股市有没有行情，主要是看有没有大资金的启动。这既要看国际资金，也要看国内资金。

第二个问题：中国股市是一个亮点吗？

这两年中国经济的增速放缓，企业效益不好，实体经济低迷，国内其他领域的投资机会不多，没有赚钱的机会，其他领域根本没有亮点。你看，政府对楼市调控不敢放松，很多资金没有去处，国内大资金到哪儿能赚钱呢？一部分奔向了高科技产业，另一部分守在股市里，赚这些上市公司股票上涨的钱。

说实话，中国人现在不缺钱，缺的是赚钱的机会。

由于实体经济不好，大资金也许愿意进入股市炒一把。实体经济不好股市火的例子也不是没有。比如日本在20世纪80年代末就是如此，当时日本的实体经济特别不好，日本全民都去炒股。所以，股市行情的关键是大资本认可，有国内外大资本的进入，全民才可以跟进，股市才会有行情。

中国股市在熊市中近4年了，股市已经现了底，现在股票的价格已足够便宜。

我国股市现在有三大优势：第一，价格足够低；第二，流通性足够好；第三，盘子足够大。什么叫股价低？就是股票价格都很低了。什么叫流通性足够好？就是买进卖出非常方便。什么叫盘子足够大？就是无论你有多少钱都不显山不露水，就算你有 2 亿元也根本显不出来。基于这三个优势，我国股市有行情。

第三个问题：宏观环境利好股市吗？

首先，金融活，经济活；金融稳，经济稳。政府支持资本市场的发展。如果股市火了有一个好处，它可以带动一级市场发行股票，也可以带动风险资金进入中国，投资高科技产业。

其次，宏观政策利好股市。我国的利率现在处于低点。因为经济下滑，我国的货币政策现在是宽松的，央行会通过降准降息来拉动中国经济，所以股市的资金面是充裕的。而且国内的银行资产管理、养老金、保险资金等长期资金入市，都将推动股市发展。

第四个问题：我国股市投资者的情绪是悲观的还是乐观的？

2018 年的股市是一个熊市。进入 2019 年，我国的三大股指都开始上扬，这给股市带来了人气。投资者有所活跃，股市的乐观情绪在升温，市场看多的预期也开始形成。

第五个问题：股市加杠杆启动了吗？

目前股市的杠杆水平比较低，场内融资余额还处于低水平，场外配资也刚刚兴起，但加杠杆的苗头和条件都已成熟。

从以上五个方面看，股市正在孕育着行情，但也隐藏着不确定的风险。这种不确定性表现在以下三个方面。

第一，中美贸易摩擦可能会影响股市。

美国不想让资金流入中国，可美国股市处在高点，如果美国股市泡沫破灭了，中国股市还能独善其身吗?

第二，我国企业效益不好，企业不赚钱，就不会有大牛市。

第三，离上次股灾时间太近，投资者还心有余悸。2007 年的那轮牛市之前有过 5 年的熊市。2015 年的那轮牛市之前有过 6 年的熊市。这次才有三年半熊市，时间还不足以让人们克服恐慌，不足以积攒力量，不足以让企业效益变好，不跌过头的股市是没人敢进去的。

中国股市真正的大牛市也许会在 2020 年。因为每一场股灾过后股市都需要一定的时间来修复，一般都是 5 年左右。还有一个原因是，要等企业效益好，等企业有钱赚了，才会有牛市。

当然，理性的分析和现实往往不一致，经济越差也许会出现股市行情。这都是由股市的不确定性决定的。作为普通投资者，没有必要做出过于精确的判断。如果股市行情来了，知道该如何应对才是最重要的。

我对股市趋势的判断是：短线震荡，长期看涨。

就是说，短线是一个震荡的行情，涨涨跌跌，跌跌涨涨。未来股市的趋势是看涨的，等经济走稳后股市会有行情的。真正的牛市应是在企业效益好了，经济形势好了之后才会到来。

我认为，楼市和股市是一个跷跷板，楼市的拐点就是股市的起点。什么意思呢？如果楼市没了赚钱的机会，股市赚钱的机会可能就会来了。大资金总是要寻找能够赚钱的领域，所以我们要关注资金的走向。

现在哪些行业的股票在涨呢？

第一类，周期性行业的股票开始回升。因为水泥、钢材、建材、木材需求增加，该行业的股价回升。

第二类，服务业股票涨了。

第三类，影视业票房收入增加，文化产业股票涨了。

第四类，与互联网相关的行业股票涨了。

第五类，新经济概念，如科技股、5G 概念、互联网金融等股票涨了。

作为投资者，你该如何面对 2019 年的中国股市呢？

第一，别盲从。投资者入市时要多想一想。

第二，别急抛。手里有股票的投资者别着急抛，等一等行情。

第三，别抄底。手里没股票的投资者要再看一看，也许是短线行情。

第四，别满仓。留 1/3 的资金在手里，以防不测。

中国未来的股市一定很大，中国盛世来临，需要强大的股市和强势的货币。

怎么看一国的汇率呢？决定汇率的因素又有哪些呢？

汇市

汇市要讲的就是人民币的升值和贬值。人民币的汇率不会一直跌下去。汇率问题看似与你无关，其实宏观经济是牵一发而动全身的。不让热钱撤离中国，人民币国际化，成为国际货币是大势所趋，强国必定有强势货币。未来的货币世界将是三分天下：美元、欧元、人民币三足鼎立。

第 31 讲

决定汇率的因素

也许有人会问，作为普通百姓，我们需要了解汇率知识吗？当然需要。想想看，如果你出国旅行，手中一定要有外币，如果你带美元出国，到了法国要换欧元，到了英国要换英镑，到了瑞士要换瑞士法郎，到了日本要换日元，到了俄罗斯要换卢布……你知道兑换的过程是赔还是赚？你要动脑筋算算汇率是否合适。

这几年国人为什么愿意到日本去旅游？主要是因为日本的东西便宜。这既是货币问题，也是汇率问题，你拿足值的人民币换贬值的日元就赚了，你可以买到更多的东西。

有人问，为什么要有汇率呢？汇率是谁发明的？举个例子，中国出口一集装箱的服装到美国，美国给我们什么？给我们美元。美元和人民币之间的比例就是汇率。

因为有了国际分工，也就有了国际贸易。两国做贸易要进行结算，怎么结算呢？就出现了汇率。那汇率是什么？两种货币相交换的价格叫汇率。一定要记住它发生在两种货币之间。

这一讲主要讲三个问题：汇率的基本概念，购买力平价理论，利率和通胀率对汇率的影响。

先讲汇率的基本概念。汇率也叫汇价，它是指两种货币之间的兑换比率。什么叫汇率上升？现在美元和人民币的汇率是1：6.71，就是1美元可以兑换6.71元人民币。如果变成1美元可以兑换7元人民币，美元就升值了，人民币就贬值了。那什么叫汇率下跌？ 如果变成1美元兑换6元人民币，这就是美元贬值，人民币升值。

汇率有两个价格，一个是买入价，另一个是卖出价。买进汇率价贵，卖出汇率价便宜，这两者的中间价才是两国货币的实际汇率。买卖差额就是银行收益。你出国时，要注意多走几家银行，每家银行的汇率价格各不相同。

什么是外汇市场？外汇市场跟我们的菜市场差不多，只不过卖的东西不一样：菜市场卖菜，外汇市场买卖货币。外汇市场是人们买卖各国货币的市场。它由很多人组成。外汇市场的效率极高，无论在世界上什么地方进行交易，汇率几乎是完全一样的，想从中套利很难。

第二个要讲的问题是购买力平价。是什么因素决定了汇率呢？是购买力平价决定的。什么叫购买力平价？看一种货币值钱与否，主要看什么？就看它能买到多少东西。比如，现在美元和人民币的汇率是1：6.71，就是1美元可以换6.71元人民币，这是美元和人民币的汇率。到底是美元贵，还是人民币贵呢？比什么？比购买力。用1美元在美国买一篮商品，用6.71元在中国买一篮商品，把这两个篮子拎起来，看哪篮东西多。如果美国篮子里的东西多，就说明美元值钱，如果中国篮子里的东西多，就说明人民币值钱。如果两个篮子里东西一样多，货币就是购买力，这个汇率就没有变。

美元是美国政府发的，人民币是中国政府发的，我们之所以愿意拿着它，就是因为它有购买力。那美元和人民币相比，谁更值钱呢？那就看谁的购买力强，谁是硬通货，比的是篮子里的东西。

让我们来看一下，是 1 美元在美国买的东西多，还是 6.71 元人民币在中国买的东西多。

2014 年，我去美国中部的一个城市。一天下午去超市购物，我买了各种水果，买了食品和方便面，买了矿泉水，买了冰激凌等一大堆东西，拎了两大袋子。出门结账，我准备了 100 美元，到收银台时发现才花了 24 美元，相当于 150 元人民币。我愣在那里，怎么会这么便宜呢？

在国内，这些钱是买不了这么多东西的。这说明什么？由此我判断，美元要升值，人民币要贬值，因为美元更有购买力。后来，美元还真升值了，人民币还真贬值了。两者的汇率从 1 ∶ 6.1 到 1 ∶ 6.71，这就是用购买力平价看汇率。

购买力平价就是花相同的钱，看各自能买到多少东西。

但如果一国的物价水平高，通胀率也高，那又该怎么比呢？这种情况说明这个国家的购买力在下降，这种货币会越来越不值钱，表现在汇率上就是贬值。如果把通胀因素加进来，就叫相对购买力平价。如果一个国家每年有 3% 的通胀率，另一个国家没有，那该国的汇率必须每年跌 3%，否则更没有人要它的货币了。

如果你到东南亚国家旅游，你会发现，当地人都愿意要人民币，为什么？因为人民币购买力充足。人民币在他们眼里是硬通货。这说明中国经济发展得快，人民币越来越被国际接受。有些国家的中央银行会悄悄地存一些人民币，因为它们认为人民币未来会升值。

现在中国人出国为什么牛？人家为什么愿意为中国人服务？很大程度上是因为人民币升值了。到了香港你的感受会更深刻。香港在 1997 年回归中国时，人民币和港币之间兑换的比率是 116 元人民币兑换 100 港币，现在 80 元人民币就可以兑换 100 港币。

为什么会出现这种现象呢？因为内地机会比香港多，经济增长空间更大。香港居民愿意把港币换成人民币，到内地消费，在深圳购房、购物，他们娱乐也会来深圳，即使算上来回的路费也合适。大家看，是人们对货币的需求影响着汇率。人们都需要一种货币，这种货币就会升，人们都不愿意使用一种货币，这种货币就会跌。汇率是由货币的供给和需求决定的。

第三个要讲的问题是利率和通胀率对汇率的影响。让我们首先看一下利率对汇率的影响。

如果英国利率从 4.5% 升到 5%，若美元利率不变，有人就会把美元兑换成英镑，存在英国的银行就可以套利。同样，如果美国加息中国不加息，那人民币的汇率就会跌。为什么？人们会把人民币换成美元，因为这样更合适。

接下来看通胀率对汇率的影响。10 多年前，有学生问我：“既然日本的贷款利率是零，俄罗斯的存款利率是 19%，那为什么不从日本借出钱来，换成卢布到俄罗斯去套利呢？”我问他：“你知道俄罗斯的通胀率吗？俄罗斯的通货膨胀率是 21%，你看这里面有套利的空间吗？”假如零利率借出日元，换成俄罗斯卢布，存入银行可以获得 19% 的利率回报，取出卢布时的通货膨胀率是 21%，忙了半天，还损失了 2%。再把卢布换回日元，换汇是有成本的，买进卖出都需要钱。你能赚到钱吗？如果你能赚到，那国际资本看不到这个机会吗？国际资本为什么不做呢？

如果你要出国旅游，一定不能多兑换外汇，要记得，换汇是有成本的，买进价贵，卖出价便宜。这一买一卖会损失好多钱。还有，如果你到国外投资、买房、炒股，要看汇率，还要考虑利率和其他因素。否则你以为自己赚钱了，其实在其他方面你很有可能是赔钱的。

随着中国人富裕起来，走出国门必然涉及汇率问题。当你发现中国人去哪儿旅游的多，那个国家的货币一定是贬值了，比如最近土耳其旅游火就是这个原因。

影响汇率的因素还有政治和战争因素。如果美国要打仗了，美元的汇率就会明显下跌，却可能导致瑞士法郎大幅上涨。为什么呢？因为瑞士是一个中立国家，相对来说，政治风险低，战争时，瑞士法郎作为避险货币能吸引国际资本，带动瑞士法郎的汇率上扬。如果美元跌欧元也跌，世界经济大势不好，你会发现，澳币和加币都会涨，因为它们都是避险货币。

我的一个韩国学生说，在1997年亚洲金融危机时，韩国人明知韩元会贬值，但还是没有把韩元兑换成美元，他们手中的钱100%损失了。在1997年亚洲金融危机时，泰国、马来西亚、印尼、韩国、新加坡等国家，由于货币的贬值，人们损失了很多财富。

当你看到一种货币升值时，也许抛出去可以赚钱；当看到一种货币贬值时，也许买进可以赚钱。我讲一个真实的故事。

欧元发行时，1欧元比1美元贵，后来欧元贬值，0.82美元就能买1欧元。在欧元跌到0.82时，我国股市上涨到接近5 000点。我课上讲，股市风险越来越大了，欧元这时有机会，大家可以买进了。但学生都不注意听，都在大谈股市如何赚钱。如果谁那时从股市撤出钱来买入欧元，第一不会在股市下跌中亏钱，第二可以在欧元升值上赚40%的钱，但当时没人买进。等欧元升到很贵时，很多人反而想买欧元了。

在2015年年初，人民币和美元汇率是1∶6.1，那时，没有人考虑买美元，等到美元升值到1∶6.71时，很多人都看好美元，准备买进了。为什么不在低点买反而在高点买入美元？有人说，怕美元升得更高。

我在清华的课堂上常说的一句话是：如果隔壁老王都知道美元升值而且买进了，你就别买美元了，也许会被套在高点上。在汇市上，大多数人都做反了，很少有人做正确。

另外，汇市可不像股市，汇市 24 小时连轴转，没有休市。做汇市比做股市难，你最好别在汇市上投机。

说了这么多有关汇市的问题，那人民币汇率的走势如何？未来人民币是看涨还是看跌呢？

第 32 讲
人民币是升值还是贬值？

汇率问题本来是一个相对遥远的话题，但随着中国经济的发展，人民币汇率成了普通百姓都关心的话题。从 2005 年我国人民币汇改以来，人民币开始了持续 10 年的升值。让人们看到了人民币升值后的好处，大家都以为人民币会一直升值下去。

但 2015 年以来，人民币汇率处于跌势。特别是从 2018 年开始，大家开始担心汇率问题。在清华的课堂上经常有人问我，人民币会破 7 吗？就是 1 美元换 7 元人民币。

对人民币汇率问题怎么看？我想讲三个问题：人民币升值给我们带来了什么？ 2015 年我国外汇储备的保卫战。我国外汇储备有哪些作用？

首先，看人民币升值给我们带来了什么？ 20 世纪 90 年代初，我国的汇率是双轨制，有一个政府牌价汇率是 1 ∶ 5.8，还有一个调剂汇率是 1 ∶ 8.8。那时中国的外汇很少，黑市价格被炒到 1 ∶ 10，1 ∶ 11，就是 1 美元可以换 10 元到 11 元人民币。

在 1994 年 1 月 1 日，我国实行了人民币汇率并轨，规定美元兑换人民币的比率是 1 ∶ 8.27，就是 1 美元可以换 8.27 元人民币。人民币一次性贬值33.3%，由此拉动了中国出口企业的快速发展。当时中国的出口规模不大，中国经济规模也不大，没有引起国际注意。但是一次性让人民币大幅贬值给我国的出口企业带来了活力。因为货币贬值有利于出口，企业能赚到钱了。中国产品物美价廉，可以卖到世界各国，包括服装、鞋帽、电器等行业的产品都能出口到世界各地。出口马车跑起来了，带动了中国经济的发展。

拉动一国经济增长的有三驾马车——消费、投资、出口，而出口这驾马车起了至关重要的作用。我国以每年10%的速度开始经济高速增长，成为世界第二大经济体，仅次于美国。由于经济快速增长，人民币升值了，出口越来越多，出口换回外汇，我国的外汇储备也多了起来。

中国经济增长，人民币升值，使国力增强，人们的财富增加，外汇储备增加，每个人腰包里的钱多了。出国旅游、购物、留学、买房置地、投资等都多了起来。

人民币升值，你出国会感受到巨大的变化。你用同样的人民币换到的外汇多了，出国旅游就便宜了，因为人民币升值，你可以买更多国外商品。20世纪90年代，我在国外时，看到什么东西都不敢买，因为价格太贵。当人民币升值后，我再出国，看到什么东西都买得起了，也不需要买了。

2006年6月，我又一次去欧洲。10年之后再回到欧洲，感受太深。20世纪90年代初，出国的人很少，我在外边很少买东西，穿的用的都是从中国带去的。这次不同，我先到了伦敦，一天傍晚没事，走进了一家商店，一位法国女士走过来，用汉语问我：“这位女士，你需要什么，我能为你服务吗？”我一愣，问道：“你这么年轻，怎么会说汉语呢？”她说：“我是在假期打工。这是一家名牌店，老板说，多招几个懂中文的人，到这家店来买东西的几乎都是中国人。他们把孩子送到英国读书，看望孩子时，会顺便到这家店来买英国名牌商品。”

2007年春节，我去澳大利亚。一下飞机有车把我接入悉尼饭店住下，我想吃饭，就从饭店出来叫了一辆出租车。司机戴着墨镜用汉语问我：“小姐，你要去哪里？”吓了我一跳，难道我在飞机上睡糊涂了，还没有出中国吗？我问他：“你怎么会说汉语？”他说：“如果不会说几句汉语，就不能开车了。来这儿的都是中国游客。”不一会儿他把我送到悉尼大桥，我看到桥头那儿有个快餐店，我刚站在那儿想该吃点什么时，从店里走出一位男士，他开口用汉语说：“这位女士，你想吃点什么？”我很惊讶，跟我说话的是个外国人。

当人民币升值了，你走出国门后，就会感受到中国强大，人民币坚挺。外国人都知道中国人富裕了，人民币升值了。我们的人民币可以兑换成美元、英镑、欧元，无论兑换什么，你手里的钱都值钱了。这就是人民币升值给国人带来的好处。

那人民币升值给整个国家带来了哪些好处呢？原来我们用8.27元人民币换1美元，现在用不到7元人民币就可以换1美元，就是说，我们用人民币去买美国的波音飞机比原来便宜了，而美国人用美元来买中国的玩具比原来贵了。这说明人民币的国际购买力增强了。人民币汇率升值的意义非常重大。

接着讲第二个问题：2015 年我国外汇储备的保卫战。

2000 年我国的外汇储备只有 1 600 多亿美元，2015 年就达到将近 4 万亿美元。中国的外汇储备是怎么来的？这里需要解释一下。我国实行进出口结售制度，也就是说我国企业没有外汇账户，每个企业在做进出口贸易时，无论是进口还是出口，都必须去中国的外汇管理局，去那里结汇和售汇。外汇的钱都在国家手里，变成了外汇储备。

那我国的外汇储备是怎么多起来的呢？一方面是我国出口企业生产的商品出口到世界各国，换回了外汇。另一方面是我国对外投资获得回报，变成了外汇。另外，还有大量国际游资通过各种渠道进入中国，这就导致我国外汇储备猛增。这些国际游资也叫热钱，它们到中国来赚钱。

中国改革开放 40 年，经济取得了很大的发展，有大量的赚钱机会。国际游资来搭中国经济增长的快车，把外币换成人民币，在这里套汇、套利、购买人民币资产。套汇，就是用美元低价买进人民币，等人民币升值后，高价抛出，换回美元，赚汇率的钱；套利是指把美元换成人民币，存在银行，银行加息，在利率上赚钱。他们还在中国买房炒股，在人民币资产升值上赚钱。

中国人辛辛苦苦 40 年创造的财富，为什么都让他们卷走了呢？怎么办？2005 年 7 月 21 日晚 7 时，我国人民银行宣布人民币升值了，由原来的 8.27 调到 8.11，由此拉开人民币升值的大幕，整整升了 10 年，到了 2015 年，人民币升值到 6.11 的水平。

2015 年 8 月，也就是人民币汇改的 10 年后，中国发生了国际套利热钱迅速逃离的现象。他们卖了人民币买入美元后想逃走。2015 年是中国的多事之秋，6 月发生股灾，8 月发生人民币大幅贬值。我国的外汇储备在 2014 年时，最高接近 4 万亿美元规模，但到了 2015 年，我国的外汇储备像雪崩似的要崩盘。我国的外汇储备急剧下降，每个月都以 1 000 亿美元的速度减少，怎么办呢？

2015 年 8 月，我国政府打了一场外汇储备保卫战，不让热钱逃走。用什么办法呢？就是让人民币快速贬值。

在 2015 年 8 月 11 日，央行宣布人民币兑美元中间价下调。花了 3 天时间，人民币从 6.11 跌到 6.4。热钱换美元越来越贵，走就不合适了。人民币的汇率像坐过山车一样，从 8 月 11 号的 6.11，到 6.40，到 6.6，再到 6.8，到 2016 年年末，已跌到 6.95 了。社会上一片恐慌，很多人担心人民币会跌破 7。没想到 2017 年年初，人民币汇率竟然回升到 6.72。

经过一年半的拼搏，我国终于阻止了外汇储备大失血。外汇储备从原来 1 个月 1 000 亿美元流出到每个月 300 亿美元流出。到 2017 年 1 月，我国外汇储备跌破了 3 万亿美元大关，情况十分危急。最后阻止了国际热钱的撤离。2019 年我国的外汇储备到了 3.09 万亿美元规模水平。

自 2015 年 8 月 11 日人民币汇率改革以来，人民币经历了险象环生的起伏，汇率终于企稳反弹，并没有破 7，但外汇储备损失了 9 000 亿美元。那外汇储备是用来干什么的呢？

下面讲第三个问题，一国为什么需要外汇储备。

（1）买进国外商品需要用外汇支付，至少要准备 3 个月用汇额度。

（2）外债的还本付息规模，借了国外的钱需要还本付息。

（3）维持本币汇率稳定需要外汇储备。

（4）本币的国际地位。外汇储备多，人民币在国际上地位高。

概括起来说，中国的外汇储备有四点需要：一是用汇的需要，二是为了保持中国金融的稳定，三是为了防止炒家炒我们，四是对美国有一定的主动权。

中国握有一定美元的外汇储备，可以确保中国金融的安全。

人民币汇率经过了 20 年的升值过程，又经历了 3 年的贬值过程，现在在 1∶6.7 上站住了。我国外汇储备规模也站在 3 万亿美元之上。那未来的人民币走势如何呢？将在后文进行分析。

欧元是人类金融史上的伟大创举，它让那么多国家都使用一种货币。欧元为什么诞生？它对世界有什么影响？

第33讲

欧元的诞生

这个世界有强国，就一定会有强势货币。欧洲的国家很多，它们中有强有弱，各国都有自己的货币，这影响了它们的国际地位，于是这些国家想联合起来发行一种货币。但德国使用了多年的马克，法国使用了多年的法郎，荷兰使用了多年的荷兰盾，谁都不愿意放弃自己国家的货币，去使用一种陌生的货币。再加上有的国家货币很值钱，比如德国的马克，有的国家货币很不值钱，比如意大利的里拉，这样的情况下该怎么联合起来发行一种货币呢？

1999年1月1日，欧洲诞生了一种新的货币，它的名字叫欧元。应该说，欧元是人类金融史上的伟大壮举，它打破了美元独霸天下的局面。这一讲，我们来讲讲欧元。

在欧元诞生前，有一个人从法国出发，带着一笔钱到欧洲走一圈，这笔钱什么都不做，让它兑换不同国家的货币，看这笔钱是多了还是少了？他先到了德国，用法国法郎换德国马克；到了英国，就把马克兑换成英镑；到了荷兰，用英镑换荷兰盾；到了瑞士，用荷兰盾换瑞士法郎；到了意大利，把瑞士法郎换成意大利里拉；回到法国，再用里拉换回法国法郎。数一数钱后，他惊奇地发现，他带的这笔钱什么都没做，却比他出发时少了一半。这说明了什么呢？换汇是有成本的。

欧洲各国在做贸易时，各国之间买进卖出，为了兑换货币需要支付极高的成本，同时这样也不便于欧洲各国之间的旅游，该怎么办呢？

欧洲国家多数都是小国。如果你坐飞机或火车旅行，一天可以走好几个国家。欧洲各国的国家不大，但经济发展却很快，贸易往来非常频繁，会损失大量换汇成本，这就制约了欧洲经济的发展。于是从 20 世纪 70 年代开始，欧洲人就想，我们的经济总量不大，各国之间做贸易，用美元和日元结算，太麻烦了，也不划算。为什么我们不能联合起来，使用统一的货币呢？但是让 3 亿欧洲人放弃本国货币并不容易。没想到，1997 年发生了亚洲金融风暴，惊醒了欧洲各国。它们发现亚洲国家遭受金融风暴冲击，根本无力抵抗，这时欧盟开始加速货币统一的过程。

1999 年 1 月 1 日欧元发行。经过 3 年实验期，2002 年 1 月 1 日，欧元正式进入市场，成为流通货币。欧元的启动是一个浩大工程。据说，从欧元发行到投入使用，花费高达 1 600 亿欧元到 1 800 亿欧元。虽然花销巨大，但欧元的启用给欧洲带来的利益却是难以估量的。

让 12 个国家的 3 亿多人口，在同一天拿到欧元，这个过程不是轻易就能完成的。所以欧洲的银行，要训练所有的员工通过扛着箱子跑楼梯的方式来提高身体素质，以确保 16 万家银行在 1 月 1 日当天完成一场艰难又精彩的货币替换过程。欧洲的银行做到了，世界上又多了一种强有力的货币，那就是欧元。

欧元的使用简化了手续，节省了时间，减少了近 300 亿美元的兑换和佣金的损失，使欧盟企业无形中降低了成本，增强了竞争力。这些国家的消费者购买生活用品，价格下降了，生活费用支出平均节约了 12%。

欧元分为纸币和硬币，共有 500 亿枚硬币和 150 亿张纸币进入流通领域。比利时造币厂的设计师卢卡斯在欧元硬币的设计大赛中脱颖而出，他的设计方案象征着欧洲的统一。欧元硬币正面图案采用的是统一设计，背面由各发行国自行设计，可以带有各国自己的特色。而欧元纸币的设计独具特色，采用正面图案是门窗、背面图案是桥梁的设计方式，表现出欧洲不同时期的不同建筑风格，代表了不同时期欧洲的文化历史，拱门和窗户的图案象征着开放与合作的精神。

欧元发行后，在一场关于欧洲单一货币困境的讨论会上，一位银行官员掏出了一张欧元纸币扔在桌子上，指着那张皱皱巴巴的纸币说道："这就是欧洲的问题所在。上面只有窗户和桥梁！"

当官员们创建这一现代欧洲货币体系时，不想因为纸币上印谁的头像而引发令人不快的争论。因此，他们回避了这一问题，决定用建筑符号如著名的桥梁代替名人印制在纸币上。一般纸币上印的都是国家英雄或领导人，而这恰恰是欧元纸币和其他多国货币的区别。

这里给大家说一个故事。每年春夏之交，位于德国西部的一个小城亚琛都会引起世界关注。那里将举行向那些为欧洲事业做出特殊贡献的人颁发“卡尔奖”的颁奖典礼。这个奖创立于 1950 年。2002 年“卡尔奖”第一次颁发给了一个“理念”，这个“理念”就是欧元。之所以把这一殊荣给了欧元，是因为欧元代表了欧洲一体化的思维，加强了欧洲人的共同意识，在促进欧洲一体化的过程中具有重要的政治和经济意义。

现在欧元区扩展至 19 个成员国，覆盖 3.4 亿人口，欧元在国际支付中所占份额约 36%，占所有央行外汇储备总额的 20%，欧元成为全球第二大流通货币和第二大储备货币。

欧元出现后，最不希望欧元发展的是美国。美元是所有国家的外汇储备，欧元这不是抢美元的饭碗吗？美国希望欧元最好发行失败，即便发行后，也希望欧元大跌，没人要。为什么呢？说来话长。

20 世纪七八十年代，美国经济滑坡，美元不那么值钱了。但是美元是瘦死的骆驼比马大，在 20 世纪后半叶，还没有哪种货币能跟美元抗衡。美元依然占据一元独大的位置。

1985 年，日元退出和美元的较量；1991 年，俄罗斯的卢布自顾不暇；这次欧元冒出了头。亚洲金融风暴刺激了欧洲，欧元加速诞生。欧洲多个国家使用同一种货币，涉及 3 亿多人口，对美元是一个巨大挑战。各国如果不愿意使用美元作为外汇储备，就可以选择欧元。阻止欧元崛起成了美国的一个难题。

1999年1月1日欧元诞生。开盘价是1欧元兑1.17美元，欧元比美元贵。全世界都看好欧元，美国做何感想？1999年3月24日，科索沃战争爆发，以美国为首的北约空军轰炸塞尔维亚。战争打了73天之后科索沃单方面宣布独立，美国率先承认科索沃是一个国家。

这场战争的规模虽然看起来不大，地区性冲突的时间也不长，但作用却不小。虽然各国普遍看好欧元，这一仗打了不到一年，欧元却一路暴跌，最低跌到0.82，1美元比1欧元贵了。难道是欧洲的实际情况真有那么大的落差吗？显然不是。

科索沃战争爆发，欧洲变成不安全地区，资金加速撤离欧洲和欧元区，结果欧元一路暴跌。人们发现还是美元好。美国称心如意了。2008年美国发生金融危机，美国政府救市，把危机引向了欧洲。2010年欧债危机爆发，欧洲经济深陷泥潭，欧元开始贬值。没想到2017年欧元竟然走出阴霾，坚挺起来，欧洲经济复苏，欧元又焕发出活力。现在欧元和美元的汇率是1欧元等于1.12美元，欧元比美元贵了10%还多。

欧元的诞生给了我们哪些启示呢？

第一，欧元出现对世界各国都是一件好事。各国的外汇储备不必都放在美元上，一旦美国经济出现问题，还有其他货币可以代替，各国都有了选择的自由，可以选择欧元作为外汇储备，美元的垄断地位就会被打破。

第二，对中国更是好事。中国外汇储备最多，有3万多亿美元。

以前中国把外汇储备中的很大一部分买美国国债，在 2008 年金融危机后，我国政府意识到，不能把那么多美元作为外汇储备了，可以买进一部分欧元作为外汇储备，不把鸡蛋放在一个篮子里，规避汇率变化的风险。

第三，如果美元有危机，欧元可以避险。

在原来的国际货币体系中，美元一统天下，一旦美国发生危机，美元出现问题了怎么办？那将给世界各国带来巨大损失。但欧元启用后，可以与美元抗衡，就避免了单一货币的危险，欧元成了一种对冲风险的货币。

欧元经历了所有困难终于存活下来，这是对美国的挑战，也是其他各国的机遇，对中国来说更是机遇。同时它给了我们十分重要的启示：强国要有强势货币。

第 34 讲

美元的霸权

上一讲我们谈了欧元，这一讲我想谈谈美元的霸主地位。美国想统治世界，靠的就是美元，美元是国际储备货币。自从 1944 年布雷顿森林会议，美元登上霸主宝座后，虽几经动荡走到今天，却依然没有哪种货币能撼动美元的地位。这一讲谈美元的前世今生，美元是如何成为霸主的？美元的现状如何？美元的未来趋势如何？这些话题看起来都很大，但是它和你的生活息息相关。

先讲第一个问题：美元是如何成为霸主的？

在货币历史上，第一个霸主不是美元而是英镑。为什么是英镑呢？因为英国在 18 世纪工业革命时期，赚了全世界的钱。那时英国是老大，美国都得听它的，所以，当时是英镑金本位制。

什么叫金本位呢？就是货币背后有黄金支撑。在英国历史上，有很长一段时间都是采取金本位制。英国发行多少英镑，都要和黄金挂钩，有一定的兑换比率。国库里有多少黄金储备，才能向外发多少纸币。但是人类经历了太多次战争和瘟疫，仅

20世纪就经历了两次世界大战。英国在第一次世界大战后放弃了金本位制。英国政府说，我们没有那么多黄金了，我们要放弃金本位制，英镑不和黄金挂钩了。

到了第二次世界大战，整个世界一片混乱，各国政府谁都不相信谁的货币。一旦战争打起来，每个人都愿意要黄金，都抢货物，谁都不愿意要纸币。当时的国际贸易体系和货币体系完全陷入混乱，各国之间停止了正常贸易，处处都在打仗。当时美国已足够强大。美国参加过两次世界大战，可战争没在美国本土爆发，美国造武器、造飞机、造军舰……两次世界大战让美国变得更强大了。

在1944年第二次世界大战快要结束之前，美国在布雷顿森林召开了一次会议，很多世界政要、经济学家都出席了这次会议。他们商讨在战争结束后，要建一个什么样的货币体系。会议最终决定各个国家的货币都跟美元挂钩，有一个固定比例。例如英镑合多少美元，法国法郎合多少美元，各国货币都和美元有一个固定的汇率。

其他国家问，怎么能相信美国的货币就没有问题呢？美国哪一天出问题了怎么办？美国财政部长说，如果各国不相信美元，那美元就和黄金挂钩，以35美元兑换1盎司①黄金。

1944年，雷顿森林体系制定之后，有了联合国，各国之间有事可以商量；有了《关税及贸易总协定》，各国的贸易就可以

① 1盎司=31.1克。——编者注

正常进行了；有了统一的货币体系，各国货币可以相互交换，如果谁不相信美元，可以马上把它换成黄金，美国国库里有大量黄金储备。所以，第二次世界大战后，世界各国就这样开始了30年的经济增长期，美元也坐稳了老大的位置。

一国货币能成为国际储备货币，一定要有黄金储备。英镑失去老大的位置，正是因为没有黄金储备了。美元接棒就是美国有黄金储备。黄金储备是外汇储备的一部分。

1963年，美国总统肯尼迪做出了一个错误决定，在9月2日发动了对越南的战争。美国空军用大规模轰炸消灭越南游击队，在越南扔下的炸弹超过了第二次世界大战消耗的炸弹数量的3倍。这一军事行动失败了，1975年越南实现了统一。美国却在这场战争中大伤元气，损失惨重。

美国政府打仗但不敢提高税收，怕百姓反对。打仗需要钱，美国政府悄悄地印钞票，导致美国物价上涨。因为各国货币和美元挂钩，美元出问题各国跟着出问题，通货膨胀由此席卷全球。通胀来了怎么办？大家都抢足值货币，抛贬值的货币，问题也就随之而来。

战后，由于德国和日本经济快速发展，两国成了经济强国，马克和日元可以买到更多的东西。这两种货币该升值，但是固定汇率不能动，怎么办呢？人们就用美元换黄金，这样黄金就从美国流到了其他国家。

人们普遍认为，美元一定会对主要国家货币贬值，这就导致外汇市场抛售美元，并在1971年8月达到了顶峰。大量的黄金流出美国，美国国库只剩下相当于 100 亿美元的黄金储备，美国已岌岌可危。如果再不放开美元和黄金的挂钩，市场上全都抛出美元，那美元就会崩盘。于是，1971 年 8 月 15 日，尼克松总统无奈地宣布美元与黄金脱钩，取消固定汇率制，从此汇率的价格由市场定，美元不再和黄金挂钩。从 20 世纪 70 年代起，美元败走麦城。

虽然美元的风光不再，但它依然在霸主的位置上，因为它仍然掌握一定的定价权，比如石油价格、铁矿石价格等等，这些重要的大宗原材料交易，都是以美元为单位的。各国贸易也都是以美元定价的，例如，中国从中东进口石油，双方都是用美元结算的，这就确保了美元的霸主地位。更重要的是，各国多数都是以美元为外汇储备的。

我们讲第二个问题，美元的现状如何？

美元和黄金脱钩后，各国汇率开始浮动。既然不以黄金为储备，美国政府愿意怎么印就怎么印，由于印钞太多，就产生了通胀，美元越来越不值钱。20 世纪七八十年代美元弱，90 年代依靠信息高速公路、互联网，美元升值了，但到 2001 年互联网泡沫破了。2007 年美国爆发了次贷危机，引发了全世界恐慌。房地产泡沫破了，引发了 2008 年美国的金融危机。美国政府要救市，钱从哪里来？美国采取了量化宽松政策，美联储每个月都发钞 850 亿美元，就这样放出了大量美元，哪个国家还相信美元？美国国债像雪球似的滚起来。

举例来说，纽约曼哈顿有一个国债钟，它需要持续地更新数据，来显示美国国债总额及每一个美国家庭所负担的债务金额。为的是告诉美国人国家有多少债务。它设计时显示的最高数据是10万亿美元。到了2008年这个钟坏了，因为国债超过了10万亿美元。它无法再变动了。结果美国在修钟时加了一个零，可以显示到100万亿美元的国债，这个数据多么恐怖，如果美国政府敢借这么多的国债，怎么还得上？谁还敢相信美元？如果全世界都不相信美元，那会带来什么问题呢？

特朗普总统上台后采取的是强势美元政策，希望制造业回流美国，资金回流美国，美元再次强大。但美元其实已经底气不足。表现在以下两方面。

第一，美国频繁采取制裁措施。它采取经济和金融制裁手段，引起各国政府的反感，也令各国政府对美元望而生畏，不敢拿着美元。各国只能寻找新的货币替代者，但当今世界还有哪一种货币敢挑战美元的霸权呢？

第二，世人对美元的不放心。多数国家都把美元作为外汇储备，美元是国际储备货币，也是国际支付手段。然而最让人不放心的是，如果美国不负责任地启动印钞机，人们手中的美元不就贬值了吗？ 2008年金融危机时，奥巴马总统对这一问题就无法回答。

为什么人们不再相信美元了？是对美国通胀和印钞的不放心。那么在货币问题上，我们还能相信谁呢？

这个世界正在发生一种变化——人们在悄悄地抛弃美元。

我们讲第三个问题：美元的未来趋势。未来货币的趋势是去美元化，表现在以下四个方面。

第一，委内瑞拉政府表示，它放弃美元结算，使用欧元、人民币和俄罗斯卢布等一揽子货币结算。

第二，中东石油国家加快了去美元化的步伐。

第三，占世界人口 40% 的金砖五国，支持双边贸易用本币结算，不必用美元结算。

第四，中俄之间的贸易开始大规模使用本币结算，美元成了多余的第三种货币。中国和俄罗斯首先对美元的霸主地位发起了挑战。

我认为，人民币已经开始向世界货币舞台的中心走去。未来世界的货币格局，将是三分天下：美元、欧元、人民币，人民币正在后来居上。

群雄逐鹿的货币战场正在摆开，让我们拭目以待！

第35讲

人民币国际化

前面谈了欧元和美元，这一讲想谈人民币国际化。有人问，眼下我们是该拿着人民币，还是换成美元更合适？前些年，人们担心人民币升值了怎么办。这两年，人们又担心人民币贬值了怎么办。对人民币汇率该怎么看？对人民币的国际化又该怎么看？这一讲我们将探讨以下两个问题。

第一，人民币未来的走势如何。

第二，人民币的国际化问题。

第一个问题，人民币汇率的趋势。

看一国货币会不会升值，要看什么？前面讲过，要看一国的购买力平价，看哪一种货币买的东西多。还要看什么？还要看一国的经济增长速度，看一国的经济实力。

这里给大家讲个小故事。

1991 年年底，我去德国读书，途径莫斯科，我从北京出发坐火车六天六夜才到达莫斯科，在莫斯科我见证了什么叫汇率和通货膨胀。我在莫斯科待了整整一个星期，因为没有火车只能等。之后我从莫斯科坐火车到了德国。

在莫斯科那段时间，我最难忘的是卢布的暴跌。我去的时候，1 美元可以兑换 100 卢布。我在国内每月挣 100 元，当时人民币兑换美元汇率是 2.9：1，我的 100 元可以兑换 35 美元。俄罗斯的大学教授每个月挣 800 卢布，他们可以兑换 8 美元，请问，是我富有还是他们富有呢？当然是我富有了，我的购买力是他们的 4 倍多。我在俄罗斯就像富人一样生活了一星期，我带的美元可以兑换很多卢布。这就是按汇率的购买力得出的结论。

为什么卢布和美元的汇率会相差 100 倍呢？

20 世纪 80 年代，1 卢布可以兑换 2 美元，那时卢布贵美元便宜；20 世纪 90 年代初，1 美元可以兑换 100 卢布，这时候美元贵，卢布便宜。为什么会发生这么大的变化呢？

因为 20 世纪 80 年代，苏联的经济发展速度快，创造出的财富多，表现为卢布升值。而美国在 20 世纪 80 年代赶上两次中东石油危机，美国经济掉头向下了，它的经济发展速度放缓，美元就开始贬值了。那时 1 卢布可以兑换 2 美元，卢布多么值钱！可没有想到的是，到了 20 世纪 90 年代初，美国经济开始复苏，苏联解体了，俄罗斯国内的通货膨胀严重，导致卢布大幅贬值，1 美元可以兑换 100 卢布。和 20 世纪 80 年代相比，卢布和美元相差了 200 倍。手里握有卢布的俄罗斯国民惨了。这个例子说明汇率比的是一国的购买力，比的更是一国的经济实力和经济增长速度。

对人民币汇率该怎么看？我的观点是：短线看跌，长线看涨。

人民币汇率为什么短线看跌呢？因为短线不确定因素太多。比如，中美贸易摩擦会对人民币汇率产生影响；中国经济增速下滑，企业效益不好等原因，这会导致人民币汇率下降。这是影响汇率的短期因素。

人民币汇率为什么长线看涨呢？主要因为中国的经济增长速度和经济实力。

如果美国经济每年以3%的速度增长，中国经济每年以6%的速度增长，10年以后，我们简单计算，美国经济增长了30%，中国经济增长了60%，哪个国家的货币会升值呢？当然是人民币了。为什么？因为中国经济增速比美国增速快，人民币就会升值。

过去那些年人民币之所以升值，是因为中国经济每年增速10%，把增长的速度物化在货币上，人民币升值了，人民币的国际购买力强了。你拿着人民币到别国可以买到更多东西。所以，从长远看，人民币和美元相比是一个升值的态势。眼下人民币在贬值，这是由很多因素造成的。

随着中国经济实力不断增强，人民币的购买力会逐渐增强，未来人民币汇率一定会升。所以我对人民币趋势的判断是：短线看跌，长线看涨。

建议大家不要将货币兑换来兑换去，因为换汇是有成本的。如果你要短期出国，可以换美元，但如果你兑换美元谋求长期资产保值，就需要好好考虑了。你想让货币保值，要看哪种货币未来有升值空间。以上是第一个问题，对人民币未来怎么看。

下面谈第二个问题，人民币的国际化问题。人民币为什么要国际化？

如果你出国旅游、购物、留学，你带美元、欧元、英镑、澳元、港币都可以，但你不可以带着人民币出去。为什么？因为人民币不是国际货币，别的国家不认识。你出国时要把人民币换成外汇。过去中国出国的人不多，出口商品也不多，国际贸易往来很少，人民币是不是国际货币大家不关心。现在不同了，我国进出口企业越来越多，出国读书、旅游、购物的人也越来越多，这时就有人问了，人民币为什么不是国际货币呢？人民币何时能成为国际货币呢？这就是人民币的国际化问题。

人民币国际化有什么好处吗？好处很多。如果人民币是国际货币，中国人出国时就可以带着人民币走天下。还有我国进出口企业做贸易和国际投资时，可以用人民币来支付，省去了货币兑换风险。

2008 年美国爆发金融危机后，我国政府发现，中国将近 4 万亿美元的外汇储备，主要是美元资产或美国国债，一旦美元贬值，我国外汇储备就会大幅缩水。怎么办呢？政府认识到这样下去不行，于是 2009 年我国开始了人民币国际化进程。

在人民币国际化进程中，我国有哪些进展？

第一，我国成立了亚投行。

2015 年，我国开始筹建亚投行，亚投行的全称是亚洲基础设施投资银行。英国政府在 2015 年 3 月表示想加入亚投行，问中国政府是否同意，中国政府表示同意。英国加入亚投行后，德国、法国、意大利马上跟着加入，到 2015 年年底亚投行成立时，已有 57 个发起成员国，只有美国和日本没有加入。现在，亚投行有 70 多个成员国，已经变成世界的投行。

亚投行成立意义非常重大，为什么？因为世界的经济中心从英国、美国向中国转来了。但在金融领域里美元是一元独大，中国一直没有话语权，这次亚投行的成立，是中国在金融领域争夺话语权的举措，这是人民币国际化的重要里程碑。

第二，国际货币基金组织（IMF）批准人民币加入特别提款权（SDR）。

2016 年国际货币基金组织批准中国加入 SDR，人民币正式纳入国际货币基金组织特别提款权的货币篮子。SDR 由 5 种货币组成，分别是美元、欧元、人民币、日元、英镑。人民币现在成了国际储备货币，人民币国际化又向前迈进了一步。

第三，我国成立了石油期货交易所。

2018 年 3 月 16 日，石油期货交易所在上海成立，对中国在争取大宗原材料石油期货的定价权意义非常重大。

第四，“一带一路”项目用人民币来结算。

我国正在实施“一带一路”倡议，涉及很多大规模建设项目，亚投行要求用人民币来结算，不需要用美元来结算了。

第五，我国不断买进黄金作为外汇储备。

2009 年，我国的黄金储备是 1 054 吨，2015 年是 1 658 吨，增加了 57%，成为全球第五大黄金持有国。储备黄金是为人民币的国际化做准备。

从以上五个方面看，人民币国际化正在路上，我国政府正在为此努力。让我们畅想一下，以后国人出国只带人民币就可以周游世界了。那时的人民币已成为国际货币，实现了国际化，走到哪儿都可以作为支付货币，那时的中国已从大国走向了强国。一个强国必须有一种强大的货币。中国在走向强国的过程中，人民币必将强大起来。

未来世界的货币格局将是三分天下：美元、欧元、人民币。我们有理由相信，人民币会在这个货币格局中占一席之地。

以上我们谈了我国楼市、股市、汇市这三方面的内容，这些都是大家关心的经济问题，而且这些问题都在不断变化当中，这些观点和判断都会随着时间的变化而变化。

后　记

写完这本书的最后一个字，我合上电脑，走到窗前，窗外阳光明媚。

回想起写书的这段时光，心生感慨。

我在清华教书 30 余年，第一次讲课就获得了清华大学优秀教学奖。为师多年，教出学生无数，其中不乏各行各业的成功人士，我上过央视的《百家讲坛》，做过中央人民广播电台的经济节目，写过很多本获奖的书籍。但提笔写这本书的时候，我依旧战战兢兢、如履薄冰，不敢有一丝懈怠。

借用一句大家喜欢的歌词：我曾经跨过山和大海，也穿过人山人海。

却从没停下写作。

2018 年国庆，我在青海海拔 3 000 米的高山上写作，在寒风中写下的每个字，都如眼前的群山，绵延不绝。

圣诞节，我在台湾省最南端的垦丁写作，在海边写下的每句话，都发自我的肺腑，如同眼前的太平洋，惊涛拍岸。

2019 年元旦，我在香港写作，笔下的每个标点，都如同眼前维多利亚港湾里，那璀璨的灯火，永不熄灭。

春节的时候，我去看女儿，女儿问：妈你什么时候收工，咱们过年呢！

我说，孩子，妈收不了工了。我得把书写完啊。其实我很内疚，我生女儿时，忙着讲课，女儿生孩子时，我又忙着写书。

我对女儿说："妈忙碌了大半辈子，停不下来了。"

记得王国维在他的《人间词话》中提到，人生有三种境界，第一种境界是，昨夜西风凋碧树，独上高楼，望尽天涯路；第二种境界是，衣带渐宽终不悔，为伊消得人憔悴；第三种境界是，众里寻他千百度。蓦然回首，那人却在，灯火阑珊处。

他描述的人生的三种境界，却也是我这段时间写作的三个阶段，我一开始写作，字字为艰，感受到了望尽天涯路的艰难；接着就是第二种境界，我感受到了衣带渐宽终不悔的那种坚持，眼下我还没有感受到第三种境界。

希望我蓦然回首，你就在那灯火阑珊处。

现在的我，身在清华园，窗外是青春的故事和知识的回响，此刻我提笔，写下这篇后记。

我把 30 多年的积累和经验变成书交给大家。我希望这一次，我不仅仅是一位老师，更是作为一位在经济学领域中的老朋友，在跟你分享，希望看到我书的朋友，都会有所收获。

我还想把 30 多年来欠的问候，通过这本书带给我的同学、我的老师、我的亲属、我教过的学生、听过我课的学员、看过我电视的观众、看过我书的读者，让这本书捎去我的问候：久违了！

说到这儿，我想和年轻的读者说几句心里话。

现代社会信息太泛滥了，很多人拿着手机每天都在浏览，他觉得挺充实的，但到底有什么收获呢？不知道。可这样下去很危险，很多人就这样，在不知不觉中就被社会淘汰了。

这个时代的主力军是80后和90后，这两代人与生俱来就带有焦虑和浮躁的心理。他们害怕孤独，害怕失败，更害怕一事无成。所以，他们总是在焦虑为什么得不到自己想要的。比如财富、恋人、名誉等等。但与此同时，他们又很努力，他们深知自己缺乏什么，比如能力、人脉。所以，我给大家的建议是：放平心态，活在当下。

现在的人围着票子、房子、车子打转，以为这是成功，其实不然。财富只是生活的手段，活着最重要的是精神富足、心态平和，既不攀比也不急功近利。别太计较眼前的得失，要往远处看。

我们说，谁的人生更精彩？比的是谁付出的多，谁播种的多，谁收获的就多。最后比的是什么？比的是谁的知识丰富，谁的眼界宽阔，谁的心灵充实。我们要保持乐观阳光的心态。

我的人生感悟是：把你的知识变成能力，把你的经历变成财富。年轻人且珍惜！聪明人且努力！成功者且前行！

昨日清晨我走出家门，空气清新，四周安静，听到鸟鸣。我喜欢清晨的阳光和穿过指尖的风，这一刻，我仿佛回到了30年前，第一次在校园里教书的那一天，这一切，仿佛就在昨天，而我的心也明媚如昨。

读者朋友，到了要和你们说再见时，我有些依依不舍。

感谢你们，让我在读书世界中遇到了你们，也遇到了一个更好的自己！

谢谢你们的到来，你们的陪伴。

后会有期。

韩秀云

2019 年 4 月 23 日于清华园